MICROSOFT COPILOT-BENUTZERHANDBUCH

Ein umfassendes Tutorial zur Nutzung der Leistungsfähigkeit erweiterter Funktionen.

TECH WEALTH PUBLISHING

COPYRIGHT-SEITE

Alle Rechte vorbehalten. Kein Teil dieser Veröffentlichung darf ohne vorherige schriftliche Genehmigung des Herausgebers in irgendeiner Form oder mit irgendwelchen Mitteln, einschließlich Fotokopieren, Aufzeichnen oder anderen elektronischen oder mechanischen Methoden, reproduziert, verteilt oder übertragen werden, außer im Falle von kurzen Zitaten, die in kritischen Rezensionen enthalten sind, und bestimmten anderen nichtkommerziellen Nutzungen, die nach dem Urheberrecht zulässig sind.

Urheberrecht © (*TECH WEALTH PUBLISHING*), (2024).

Inhaltsverzeichnis

Erste Schritte mit Copilot............7
Kapitel 1: Einführung in Copilot 7
    Was ist Copilot und wie funktioniert es?............9
    Die Belohnungen des Copiloting Ihrer Entwicklung............12
    Vorteile der Verwendung von Copilot............13
    Systemanforderungen und Kompatibilität............18
Kapitel 2: Einrichten von Copilot............22
    Installation und Konfiguration für verschiedene Anwendungen (Word, Excel, Teams, Visual Studio Code, etc.)............27
    Aktivieren und Verwalten von Copilot-Einstellungen............30
    Integration von Copilot in Ihren Entwicklungsworkflow............34
Teil 2: Beherrschen der Copilot-Funktionen............40
Kapitel 3: Entwerfen von Text und Code mit Copilot............40
    Bereitstellung effektiver Aufforderungen und Anweisungen............44

Die Vorschläge und Antworten von Copilot verstehen 48

Vorschläge annehmen, verwerfen und regenerieren 53

Anpassen von Copilots Stil und Ton 57

Kapitel 4: Fortgeschrittene Copilot-Techniken 62

Nutzung von Copilot für bestimmte Programmiersprachen und Frameworks 66

Verwendung von Copilot für Codevervollständigung, Refactoring und Debugging 71

Erkunden erweiterter Funktionen wie Codesuche und Zusammenfassung 77

Kapitel 5: Arbeiten mit Copilot in verschiedenen Anwendungen 82

Spezifische Funktionalitäten und Workflows für Copilot in Word, Excel, Teams und anderen Anwendungen 86

Teil 3: Optimieren Sie Ihr Copilot-Erlebnis 90

Kapitel 6: Personalisierung von Copilot für mehr Produktivität 91

Anpassen von Tastenkombinationen und Einstellungen 95

Integration von Copilot mit anderen Entwicklungstools und Erweiterungen 100

Verwalten von Datenschutz- und Sicherheitseinstellungen 104

Kapitel 7: Fehlerbehebung bei häufigen Problemen 109

Identifizieren und Beheben häufiger Fehler und unerwarteter Verhaltensweisen 113

Hilfe vom Microsoft-Support und von Online-Communitys erhalten 118

Kapitel 8: Ethische Überlegungen und verantwortungsvoller Umgang 122

Die Vorurteile und Grenzen von Copilot verstehen 126

Best Practices für Code-Credits und Plagiatsvermeidung 130

Copilot ethisch und verantwortungsbewusst nutzen 135

Teil 4: Erweitern Sie Ihr Wissen und Ihre Fähigkeiten 139

Kapitel 9: Fallstudien und Erfolgsgeschichten .. 139

Untersuchen von Beispielen aus der Praxis, wie Entwickler Copilot nutzen 143

Lernen Sie von Best Practices und erreichen Sie bestimmte Ziele mit Copilot 149

Kapitel 10: Mit Copilot auf dem Laufenden bleiben 154

Zugriff auf neue Funktionen und Upgrades 158

Erkunden erweiterter Ressourcen und Lernmaterialien von Microsoft 162

Interaktion mit der Copilot-Community und den Foren 167

Schlussfolgerung 172

Erste Schritte mit Copilot

Kapitel 1

Einführung in Copilot

Stellen Sie sich eine Welt vor, in der sich das Programmieren wie eine gemeinsame Anstrengung anfühlt, in der sich Ihre Ideen mit Hilfe eines KI-Assistenten nahtlos in leistungsstarke Codezeilen verwandeln. Microsoft Copilot ist dieser unermüdliche Assistent, der die Sprache der Technologie fließend beherrscht und immer bereit ist, Ihre Gedanken zu vervollständigen und in Code umzusetzen. Dieses Buch ist Ihr Schlüssel, um das volle Potenzial von Copilot auszuschöpfen. Egal, ob Sie ein erfahrener Entwickler sind oder gerade erst anfangen, Copilot kann Ihren Ansatz zur Softwareerstellung revolutionieren.

Wenn Sie beim Debuggen nicht weiterkommen, analysiert Copilot Ihren Code, lokalisiert potenzielle Fehler und schlägt Korrekturen vor, was Ihnen stundenlange Frustration erspart. Wenn Sie auf eine leere Seite starren, versteht Copilot Ihre Absichten, generiert relevante Code-Snippets und ganze Funktionen basierend auf Ihren

Eingabeaufforderungen und kurbelt Ihre Kreativität an. Und wenn sich wiederholende Aufgaben Ihre Energie rauben, automatisiert Copilot das Alltägliche und füllt Standardcode aus, damit Sie sich auf die innovativen Aspekte Ihres Projekts konzentrieren können.

Dieses Buch geht über die Grundlagen hinaus, erforscht die fortschrittlichen Fähigkeiten von Copilot und eröffnet eine Welt voller Möglichkeiten. Sie lernen, wie Sie leistungsstarke Eingabeaufforderungen erstellen, die Copilot zu Ihrem gewünschten Ergebnis führen, fortgeschrittene Techniken wie Codevervollständigung und Refactoring beherrschen und Copilot sogar so anpassen, dass es sich nahtlos in Ihren Workflow integriert. Aber Copilot ist nicht nur ein Produktivitätstool. Dieses Buch untersucht auch die ethischen Überlegungen zum Einsatz von KI beim Programmieren, um sicherzustellen, dass Sie Copilot verantwortungsbewusst verwenden und Fallstricke wie Plagiate vermeiden.

Fallstudien aus der Praxis zeigen, wie Entwickler Copilot nutzen, um bemerkenswerte Ergebnisse zu erzielen. Sie lernen aus ihren Erfolgen und Misserfolgen und gewinnen wertvolle Einblicke, um Ihre eigene Copilot-Erfahrung zu maximieren. Dieses Buch ist Ihr Fahrplan für eine Zukunft, in der das Programmieren zu einer gemeinsamen Anstrengung zwischen Ihnen und Copilot wird. Gemeinsam werden Sie die Grenzen von Kreativität, Effizienz und Innovation in der Softwareentwicklung verschieben.

Sind Sie bereit, sich auf diese aufregende Reise mit Copilot zu begeben? Öffnen Sie dieses Buch und schalten Sie den Code für eine bessere Zukunft frei.

Was ist Copilot und wie funktioniert es?

In der schnelllebigen Welt der Softwareentwicklung sind Effizienz und Innovation entscheidend. Microsoft Copilot zielt darauf ab, diesen Bereich zu revolutionieren, indem es als intelligenter Coding-Partner für Entwickler aller Ebenen fungiert. Aber was genau ist Copilot und wie wirkt es hinter den Kulissen?

<u>Wir stellen vor: Copilot: Ihr AI Code Collaborator</u>

Stellen Sie sich vor, Sie hätten einen Programmierpartner, der Ihre Anforderungen antizipiert, Ihre Programmiersprache versteht und

Vorschläge zur Optimierung Ihres Arbeitsablaufs macht. Dies ist die Kernfunktion von Copilot. Dieses KI-gestützte Tool lässt sich nahtlos in Ihre Entwicklungsumgebung integrieren, analysiert Ihren Code und bietet kontextrelevante Vorschläge in Echtzeit. Betrachten Sie es als einen Assistenten, der Sie ständig beobachtet und bei der Erstellung von effizientem, gut strukturiertem Code unterstützt.

Das Innenleben von Copilot: Enthüllung der Technologie

Copilot nutzt die Leistungsfähigkeit des maschinellen Lernens, insbesondere eine Technik namens "Codevervollständigung". Bei dieser Technik werden komplexe Algorithmen mit großen Mengen an vorhandenem Code trainiert. Diese Algorithmen lernen dann, Muster zu erkennen und die wahrscheinlichste Fortsetzung einer Codesequenz basierend auf dem aktuellen Kontext vorherzusagen.

Vereinfachte Aufschlüsselung des Betriebs von Copilot:

1. Verstehen Sie Ihren Kontext: Copilot überwacht ständig Ihre Codierungsaktivitäten und analysiert

die Syntax, Variablen und die Gesamtstruktur Ihres Codes.

2. Vorhersage des nächsten Schritts: Basierend auf diesem Verständnis verwendet Copilot seine trainierten Modelle, um die wahrscheinlichsten Codeschnipsel vorherzusagen, die Ihre aktuelle Zeile oder Funktion logisch vervollständigen würden.

3. Vorschläge machen: Copilot präsentiert diese vorhergesagten Codesegmente als Vorschläge, sodass Sie sie nach eigenem Ermessen annehmen, ändern oder verwerfen können.

Jenseits der Vorhersage: Die Macht der Anpassung

Copilot bietet nicht nur vorgefertigte Vorschläge; Es kann sich an Ihren einzigartigen Codierungsstil und Ihre Vorlieben anpassen. Sie können das Verhalten optimieren, indem Sie die folgenden Einstellungen anpassen:

Sprache und Framework: Geben Sie die Programmiersprache und das Framework an, mit dem Sie arbeiten, damit Copilot seine Vorschläge entsprechend anpassen kann.

Codestil: Definieren Sie Ihren bevorzugten Codierungsstil, einschließlich Einrückung, Abstand und Namenskonventionen, um sicherzustellen, dass Copilot Ihren Codierungsstandards entspricht.

Vorschlagsebene: Steuern Sie den Detaillierungsgrad in den Vorschlägen von Copilot, der von vollständigen Funktions- oder Klassendefinitionen bis hin zu kleineren Codeschnipseln reicht.

Durch die Nutzung dieser Anpassungsoptionen können Sie die Unterstützung von Copilot so personalisieren, dass sie sich nahtlos in Ihren Workflow und Ihre Programmiergewohnheiten einfügt.

Die Belohnungen des Copiloting Ihrer Entwicklung

Verbesserte Produktivität: Die Automatisierung sich wiederholender Aufgaben und Code-Vervollständigungsfunktionen verkürzen die Entwicklungszeit erheblich, sodass Sie sich auf die kreativeren Aspekte des Programmierens konzentrieren können.

Verbesserte Codequalität: Copilot hilft bei der Identifizierung potenzieller Fehler und schlägt Best Practices vor, was zu saubererem, besser wartbarem Code führt.

Reduzierte kognitive Belastung: Durch das Vorschlagen relevanter Codeschnipsel gibt Copilot Ihren mentalen Raum frei und ermöglicht es Ihnen, sich auf die Gesamtlogik und Struktur Ihres Programms zu konzentrieren.

Lernen durch Zusammenarbeit: Die Arbeit mit Copilot setzt Sie verschiedenen Programmierstilen und -techniken aus, was möglicherweise zu einer Erweiterung Ihres Programmierwissens führt.

Eine neue Ära der Entwicklung: Die Zukunft mit Copilot

Microsoft Copilot stellt einen bedeutenden Sprung nach vorne im Bereich der Codierungstools dar. Durch intelligente Vorschläge und die nahtlose Integration in Ihre Entwicklungsumgebung können Entwickler saubereren, effizienteren Code schreiben und gleichzeitig Innovation und Kreativität fördern. Egal, ob Sie ein erfahrener Entwickler sind oder gerade erst Ihre Programmierreise beginnen, Copilot kann ein wertvoller Begleiter sein, der Ihnen hilft, sich in der sich ständig weiterentwickelnden Landschaft der Softwareentwicklung zurechtzufinden.

Vorteile der Verwendung von Copilot

In der heutigen Welt der Softwareerstellung sind Effizienz und Innovation entscheidend. Microsoft Copilot entwickelt sich zu einem leistungsstarken Tool, das Entwickler aller Ebenen unterstützt, indem es als intelligenter Programmierpartner fungiert. Aber was sind über die anfängliche Einführung hinaus die greifbaren Vorteile des Einsatzes von Copilot in Ihrem Entwicklungsprozess? Lassen Sie uns die wichtigsten Vorteile untersuchen, die Ihre Programmiererfahrung erheblich verbessern können.

Steigerung der Produktivität

Stellen Sie sich vor, Sie rationalisieren Ihren Codierungs-Workflow, indem Sie sich wiederholende Aufgaben automatisieren und Vorschläge zur Codevervollständigung in Echtzeit erhalten. Copilot tut genau das und verkürzt die Entwicklungszeit erheblich. Anstatt Codebausteine manuell einzugeben oder bei der Suche nach der richtigen Syntax stecken zu bleiben, hilft Ihnen

Copilot, schnell voranzukommen, sodass Sie sich auf die wichtigeren Aspekte der Codierung konzentrieren können, wie z. B. die Problemlösung und die Implementierung komplexer Logik.

Dies führt zu einer deutlichen Steigerung der Gesamtproduktivität, sodass Sie in kürzerer Zeit mehr erreichen können.

Verbesserung der Codequalität:

Die Pflege von sauberem und gut strukturiertem Code ist entscheidend für den reibungslosen Betrieb und die zukünftige Wartbarkeit Ihrer Projekte. Copilot fungiert als Ihr Programmierbegleiter, identifiziert proaktiv potenzielle Fehler und schlägt Best Practices vor. Dazu gehört das Vorschlagen der richtigen Syntax, variabler Namenskonventionen und Codeformatierungsstile, die etablierten Codierungsstandards entsprechen. Durch die Nutzung der Unterstützung von Copilot können Sie das Risiko von Fehlern erheblich reduzieren und sicherstellen, dass Ihr Code nicht nur funktional, sondern auch in Zukunft leicht zu verstehen und zu verarbeiten ist, sowohl für Sie selbst als auch für andere Entwickler, die an dem Projekt mitarbeiten.

Reduzierung der kognitiven Belastung:

Das Programmieren kann geistig anstrengend sein und erfordert das Jonglieren mit komplexer Logik, Syntaxregeln und verschiedenen technischen Details. Copilot hilft, diese kognitive Belastung zu lindern, indem es als suggestives Werkzeug fungiert. Es analysiert Ihren Code in Echtzeit, versteht den Kontext und bietet relevante Code-Snippets, die möglicherweise Ihre aktuelle Zeile oder Funktion vervollständigen könnten. Dies reduziert die mentale Belastung, ständig nach der richtigen Syntax zu suchen oder sich bestimmte Codestrukturen zu merken, sodass Sie sich auf das Gesamtbild konzentrieren können – das Gesamtdesign und die Funktionalität Ihres Programms.

Förderung des kontinuierlichen Lernens:

Das Erlernen neuer Programmiersprachen, Frameworks und Best Practices kann ein kontinuierlicher Prozess sein. Copilot bietet eine einzigartige Gelegenheit, Ihr Programmierwissen durch alltägliche Entwicklungsaufgaben zu erlernen und zu erweitern. Wenn Sie mit Copilot zusammenarbeiten, werden Sie mit verschiedenen Codierungsstilen, Syntaxvariationen und potenziellen Lösungen konfrontiert, die Ihnen zuvor möglicherweise nicht vertraut waren. Diese kontinuierliche Auseinandersetzung mit verschiedenen Programmierpraktiken kann als Katalysator für das Lernen und die Entwicklung von Fähigkeiten wirken und Ihnen helfen, Ihre Wissensbasis zu erweitern und ein vielseitigerer Entwickler zu werden.

Förderung von Zusammenarbeit und Innovation:

Während Copilot als individueller Programmierbegleiter dient, erstrecken sich seine Vorteile auch auf kollaborative Entwicklungsumgebungen. Durch standardisierte und konsistente Vorschläge zur Codevervollständigung trägt Copilot dazu bei, einen kohärenten Codierungsstil innerhalb eines Teams zu gewährleisten, auch wenn einzelne Entwickler leicht unterschiedliche Codierungspräferenzen haben.

Dies kann den Kollaborationsprozess rationalisieren und die Wartbarkeit des Codes verbessern, wenn mehrere Entwickler am selben Projekt arbeiten. Darüber hinaus kann die Fähigkeit von Copilot, verschiedene Lösungen und Codierungsansätze vorzuschlagen, innovative Diskussionen innerhalb der Entwicklungsteams auslösen, die zu neuen Ideen und kreativen Problemlösungstechniken führen.

Wenn man diese wichtigen Vorteile versteht, wird klar, dass Copilot über ein einfaches Code-Vorschlagstool hinausgeht. Es wird zu einem wertvollen Partner auf Ihrer Entwicklungsreise, bietet praktische Unterstützung, fördert kontinuierliches Lernen und fördert die Zusammenarbeit, um Sie letztendlich dazu zu bringen, effizienteren, qualitativ hochwertigeren Code zu schreiben und den Weg für innovative Softwareentwicklung zu ebnen.

Systemanforderungen und Kompatibilität

Microsoft Copilot, der KI-gestützte Programmierassistent, verspricht, die Entwicklungsabläufe zu revolutionieren. Bevor Sie sich jedoch mit dem Potenzial befassen, ist es wichtig, die Kompatibilität zu bewerten und sicherzustellen, dass Ihr System die erforderlichen Anforderungen erfüllt.

Betriebssystem:

Windows: Copilot ist hauptsächlich für Windows 11 verfügbar und bietet Benutzern eine robuste Programmiererfahrung. Microsoft führt es jedoch schrittweise in weiteren Märkten ein, also bleiben Sie dran für Updates, wenn Sie ein anderes Betriebssystem verwenden.

Andere Betriebssysteme: Obwohl sie derzeit nicht offiziell unterstützt werden, könnte Microsoft in Zukunft die Kompatibilität mit anderen Betriebssystemen untersuchen und den Zugang für eine breitere Benutzerbasis erweitern.

Hardware:

Rechenleistung: Der reibungslose Betrieb von Copilot erfordert einen leistungsfähigen Prozessor. Obwohl Microsoft keine Mindest- oder empfohlenen Spezifikationen angegeben hat, ist es ratsam, sich für einen Mittelklasse- oder High-End-Prozessor aus den letzten Generationen zu entscheiden, um eine optimale Leistung zu erzielen.

Arbeitsspeicher (RAM): Effizientes Multitasking und Datenhandling werden durch ausreichend RAM erleichtert. Streben Sie mindestens 8 GB RAM an, wobei 16 GB oder mehr empfohlen werden, insbesondere wenn Sie mit großen Codebasen oder ressourcenintensiven Anwendungen zusammen mit Copilot arbeiten.

Speicherplatz: Copilot selbst verbraucht zwar keinen nennenswerten Speicherplatz, aber stellen Sie sicher, dass Sie ausreichend Speicherplatz für Ihre Entwicklungsumgebung und Codeprojekte zur Verfügung haben, um Ihren typischen Anforderungen gerecht zu werden.

Software:

Microsoft 365: Copilot ist derzeit als Add-On für bestimmte Microsoft 365-Pläne verfügbar, einschließlich E3, E5, A5 und Business Standard/Premium. Beachten Sie, dass einzelne und unbefristete Lizenzbenutzer von Office 365 derzeit nicht für den Copilot-Zugriff berechtigt sind.

Microsoft Entrap ID: Für den Zugriff auf Copilot ist ein Microsoft Entrap ID-Konto erforderlich, das Benutzern Zugriff auf kompatible Microsoft 365 Apps und Dienste wie Word, Excel, PowerPoint und andere gewährt.

Anwendungskompatibilität: Die Funktionalität von Copilot kann je nach verwendeter Anwendung variieren. In der offiziellen Dokumentation von Microsoft finden Sie Details zu unterstützten Anwendungen und ihren einzelnen Funktionen.

Microsoft 365 Apps Update Channel: Um eine nahtlose Kompatibilität mit Copilot zu gewährleisten, stellen Sie sicher, dass sich Ihre Microsoft 365 Apps im aktuellen Kanal oder monatlichen Enterprise-Kanal befinden, und passen Sie die Einstellungen nach Bedarf über die IT-Abteilung Ihrer Organisation oder Ihr Microsoft 365 Admin Center an.

Weitere Überlegungen:

Internetverbindung: Während Copilot hauptsächlich offline funktioniert, ist für die Ersteinrichtung, Aktivierung und das Herunterladen von Updates eine Internetverbindung erforderlich, um sicherzustellen, dass Sie mit den neuesten Verbesserungen auf dem Laufenden bleiben.

Unterstützte Sprachen: Derzeit unterstützt Copilot hauptsächlich die Eingabe und Codegenerierung in englischer Sprache und richtet sich an eine Vielzahl von Entwicklern.

Informiert bleiben:

Microsoft ist bestrebt, Copilot kontinuierlich weiterzuentwickeln und zu aktualisieren, was möglicherweise zu sich ändernden Systemanforderungen und Kompatibilität führt. Bleiben Sie über die neuesten

Informationen und möglichen Änderungen auf dem Laufenden, indem Sie regelmäßig die offizielle Dokumentation und Ankündigungen von Microsoft konsultieren.

Wenn Sie diese Anforderungen verstehen und erfüllen, können Sie Ihr System auf die nahtlose Copilot-Integration vorbereiten und sein Potenzial ausschöpfen, um Ihre Programmiererfahrung zu verbessern.

Kapitel 2

Einrichten von Copilot

Microsoft Copilot ist ein starker Verbündeter für Entwickler und verspricht, Arbeitsabläufe zu rationalisieren und die Programmiereffizienz zu steigern. Dieser KI-gestützte Assistent analysiert Ihren Code in Echtzeit, bietet relevante Vervollständigungen an und hilft bei verschiedenen Aufgaben. Bevor Sie jedoch in den Bereich der Copilot-basierten Entwicklung eintauchen, ist die richtige Einrichtung von größter Bedeutung. Dieser Leitfaden führt Sie durch den einfachen Prozess der Initiierung von Copilot und stellt sicher, dass Sie seine Fähigkeiten in vollem Umfang nutzen.

Grundlegende Anforderungen:

Um die Fähigkeiten von Copilot zu nutzen, stellen Sie sicher, dass Sie diese grundlegenden Voraussetzungen erfüllen:

1. Kompatible Entwicklungsumgebung: Copilot lässt sich nahtlos in mehrere führende Entwicklungsumgebungen integrieren, darunter Visual Studio Code, Visual Studio und ausgewählte webbasierte Editoren. Vergewissern Sie sich, dass Sie eine kompatible Umgebung für eine reibungslose Integration verwenden.

2. Berechtigtes Microsoft 365-Abonnement: Nicht alle Microsoft 365-Abonnements enthalten Copilot. Sie benötigen einen Plan, der explizit Zugriff bietet, z. B. Microsoft 365 E5 oder eine eigenständige Copilot für Microsoft 365-Lizenz.

3. Stabile Internetverbindung: Copilot verlässt sich auf die Internetverbindung, um auf seine KI-Modelle zuzugreifen und Vorschläge zu liefern. Garantieren Sie eine zuverlässige Internetverbindung für optimale Leistung.

Installation und Einrichtung:

Während die Einzelheiten je nach gewählter Entwicklungsumgebung leicht variieren können, umfassen die allgemeinen Installations- und Konfigurationsschritte:

1. Zugriff auf den Erweiterungsspeicher: Suchen Sie in Ihrer Entwicklungsumgebung den Erweiterungsspeicher oder Marktplatz. Suchen Sie nach "Microsoft Copilot" und installieren Sie die offizielle Erweiterung.

2. Anmeldung und Aktivierung: Starten Sie nach der Installation Copilot, und melden Sie sich mit Ihrem Microsoft-Konto an, das mit Ihrem berechtigten Microsoft 365-Abonnement verknüpft ist. Dieser Schritt aktiviert Copilot und gewährt Zugriff auf seine Funktionen.

3. Anpassung (optional): Obwohl nicht obligatorisch, bietet Copilot Anpassungsoptionen, die sich an Ihre Vorlieben anpassen. Passen Sie die Einstellungen in Bezug auf Sprache, Framework, Codestil und Vorschlagsebene an, um das Verhalten von Copilot nach Ihren Wünschen anzupassen.

Navigieren in der Benutzeroberfläche von Copilot:

Einmal eingerichtet, lässt sich Copilot nahtlos in Ihre Entwicklungsumgebung integrieren. Wenn Sie mit der Codierung beginnen, werden während der Eingabe kontextbezogene Vorschläge angezeigt, die Folgendes umfassen:

Code-Vervollständigungen: Copilot sagt die wahrscheinlichsten Code-Fortsetzungen basierend auf Ihrem Kontext voraus und schlägt Variablennamen, Funktionsaufrufe oder ganze Codeblöcke vor.

Alternative Implementierungen: Copilot bietet alternative Methoden, um identische Funktionen zu erreichen, und bietet zusätzliche Optionen, die in Betracht gezogen werden können.

Dokumentationsausschnitte: Die Bereitstellung relevanter Dokumentationsausschnitte für bestimmte Funktionen oder Bibliotheken erleichtert das Verständnis und die Verwendung.

Interaktion mit Copilot:

So nutzen Sie die Vorschläge von Copilot effektiv:

Vorschläge akzeptieren: Verwenden Sie die Tabulatortaste oder die Maus, um die gewünschten Vorschläge auszuwählen und automatisch in Ihren Code einzufügen.

Vorschläge ändern: Bearbeiten Sie den vorgeschlagenen Code vor der Annahme, um ihn an Ihre spezifischen Anforderungen anzupassen.

Vorschläge ablehnen: Verwerfen Sie nicht hilfreiche Vorschläge, indem Sie sie ignorieren oder die Esc-Taste verwenden.

Profi-Tipps:

Klare kontextbezogene Eingabe: Verbessern Sie die Genauigkeit und Relevanz der Vorschläge von Copilot, indem Sie umfassende Informationen in Ihrem Code bereitstellen, einschließlich Kommentaren und Variablennamen.

Experimentieren und entdecken: Erkunden Sie verschiedene Einstellungen und Vorschläge, um die optimale Unterstützung von Copilot für Ihren Entwicklungsstil zu finden.

Denken Sie an die Rolle von Copilot: Copilot bietet zwar wertvolle Unterstützung, ergänzt aber Ihre Programmierkenntnisse und Ihr Urteilsvermögen, anstatt sie zu ersetzen. Überprüfen und verstehen Sie den Code immer, bevor Sie ihn in Ihr Projekt integrieren.

Wenn Sie sich an diese Schritte halten und sich mit den Funktionen von Copilot vertraut machen, können Sie dieses leistungsstarke KI-Tool effizient einrichten und nutzen, um Ihre Programmierreise zu verbessern, die Effizienz zu steigern und Innovationen in Ihren Softwareentwicklungsbemühungen zu fördern.

Installation und Konfiguration für verschiedene Anwendungen (Word, Excel, Teams, Visual Studio Code, etc.)

Willkommen im Reich von Microsoft Copilot, Ihrem vertrauenswürdigen KI-Begleiter in der Welt des Programmierens. Bevor Sie sich in die grenzenlosen Möglichkeiten stürzen, die es bietet, lassen Sie uns durch den Einrichtungsprozess navigieren, der auf verschiedene Softwareumgebungen zugeschnitten ist

1. Segel setzen mit Copilot in Visual Studio Code (VS Code):

VS Code, ein bevorzugter Code-Editor, lässt sich nahtlos in Copilot integrieren. Hier ist Ihre Roadmap:

Installation: Starten Sie VS Code und gehen Sie zur Registerkarte Erweiterungen (unter Windows/Linux, auf Mac). Suchen Sie nach "GitHub Copilot" und installieren Sie die offizielle Erweiterung.

Konfiguration: Starten Sie VS Code nach der Installation neu. Folgen Sie den Anweisungen, um sich mit Ihrem GitHub-Konto anzumelden, das für die Freischaltung der Funktionen von Copilot unerlässlich ist. Passen Sie Einstellungen wie Codestil und Vorschlagsebene im VS Code-Einstellungsmenü an, um Copilot an Ihre Präferenzen anzupassen.

2. Urheberrecht Stärken Sie Ihr Schreiben in Microsoft Word:

Verbessern Sie Ihre Schreiberfahrung mit der Unterstützung von Copilot in Word:

Verfügbarkeit: Copilot für Microsoft 365, einschließlich Word-Integration, ist als Premium-Add-On für ausgewählte Microsoft 365-Abonnements verfügbar. Wenden Sie sich an Ihren Administrator, oder besuchen Sie das Microsoft 365 Admin Center, um Details zum Abonnement zu erhalten.

Bereitstellung: Wenn Copilot für Microsoft 365 Teil des Abonnements Ihrer Organisation ist, überwacht Ihr Administrator die Bereitstellung. Halten Sie Ausschau nach einer Benachrichtigung, sobald sie für Ihr Konto aktiviert ist.

3. Verstärken der Zusammenarbeit in Microsoft Teams:

Fördern Sie die Synergie Ihres Teams mit der Integration von Copilot in Teams:

Verfügbarkeit: Ähnlich wie Word erfordert die Anwesenheit von Copilot in Teams das Add-On Copilot für Microsoft 365 und die administrative Bereitstellung.

Aktivierung: Nach der Bereitstellung durch Ihren Administrator bereichern Copilot-Funktionen Teams-Chats und -Kanäle und bieten wertvolle Vorschläge für E-Mails, Besprechungszusammenfassungen und anderen Textaustausch.

4. Vereinfachung der Datenverwaltung mit Microsoft Excel:

Obwohl noch nicht eigenständig, wird die erwartete Integration von Copilot in Excel als Teil der Copilot for Microsoft 365-Suite bevorstehen. Bleiben Sie dran für Updates und Ankündigungen von Microsoft.

5. Wagen Sie sich in zusätzliche Integrationen:

Über die genannten Anwendungen hinaus entwickelt sich Copilot weiter, um sich in verschiedene andere Software und Plattformen zu integrieren. Halten Sie Ausschau nach offiziellen Microsoft-Kanälen, um Updates zu Kompatibilitätserweiterungen zu erhalten.

Wichtige Überlegungen:

Die Einrichtung von Copilot kann je nach Softwareversion und Betriebssystem leicht variieren. Beziehen Sie sich immer auf die offizielle Dokumentation, um die neuesten Richtlinien zu erhalten.

Derzeit unterstützen möglicherweise nicht alle Microsoft 365-Anwendungen Copilot. Wenden Sie sich an Microsoft, um eine endgültige Liste der unterstützten Anwendungen innerhalb des Copilot für Microsoft 365-Angebots zu erhalten.

Wenn Sie diesen Navigationshilfen folgen und über die Entwicklungen auf dem Laufenden bleiben, sind Sie in der Lage, die Fähigkeiten von Copilot für verschiedene Anwendungen zu nutzen, Ihren Workflow zu transformieren und grenzenloses kreatives Potenzial freizusetzen.

Aktivieren und Verwalten von Copilot-Einstellungen

Tauchen Sie ein in die Welt von Microsoft Copilot, Ihrem KI-gestützten Programmierbegleiter, der entwickelt wurde, um Ihre Programmierbemühungen zu optimieren. Um sein volles Potenzial auszuschöpfen, ist es entscheidend, die Aktivierung und Verwaltung der Copilot-Einstellungen zu beherrschen. Dieser Leitfaden bietet Ihnen die Einblicke, die Sie benötigen, um Copilot an Ihre individuellen Codierungspräferenzen und Ihren Workflow anzupassen.

Startschuss für Ihre Copilot-Reise

Der Einstieg in Ihre Copilot-Reise variiert je nach Plattform. So beginnen Sie mit den beliebtesten:

Visual Studio Code:

1. Navigieren Sie in Visual Studio Code zur Registerkarte Erweiterungen.

2. Geben Sie "GitHub Copilot" in die Suchleiste ein und klicken Sie auf Installieren.

3. Nach der Installation werden Sie aufgefordert, sich bei Ihrem GitHub-Konto anzumelden, um Ihre Copilot-Testversion oder Ihr Abonnement zu aktivieren.

Andere IDEs:

Informationen zum Aktivieren von Copilot in anderen IDEs wie JetBrains und Neo vim finden Sie in der offiziellen GitHub Copilot-Dokumentation für detaillierte Anweisungen.

Anpassen der Copilot-Einstellungen: Verbessern der Programmiererfahrung

Tauchen Sie bei aktiviertem Copilot in die Einstellungen ein, um das Verhalten an Ihre Bedürfnisse anzupassen. Hier ist ein Überblick über die wichtigsten Einstellungen, die Sie berücksichtigen sollten:

Kerneinstellungen:

Copilot-Aktivierung: Schalten Sie Copilot je nach Bedarf einfach ein oder aus.

Inline-Vorschläge: Entscheiden Sie, ob Copilot Vorschläge direkt in Ihrem Editor anzeigen soll oder ob Sie sie lieber manuell mit Tastenkombinationen aktivieren möchten.

Programmiersprache: Definieren Sie die Sprache, in der Sie kommen, damit Copilot sprachspezifische Vorschläge machen kann.

Visuelles Thema: Wählen Sie zwischen hellen oder dunklen Themen für die Vorschläge von Copilot, die zu Ihrer Programmierumgebung passen.

Erweiterte Anpassung:

Vervollständigungsdetails: Passen Sie den Detaillierungsgrad in den Vorschlägen von Copilot an, von vollständigen Funktionsvervollständigungen bis hin zu kleineren Codeschnipseln.

Datenschutz: Kontrollieren Sie, wie Ihre Codierungsdaten von Copilot verwendet werden. Entscheiden Sie sich für eine begrenzte Datenfreigabe und profitieren Sie dennoch von der Unterstützung von Copilot.

Anpassung von Tastenkombinationen: Passen Sie die Tastenkombinationen für Copilot-Vorschläge an Ihre Programmiergewohnheiten an.

Weitere Tipps:

Lizenzverwaltung: Erkunden Sie für Teams Optionen im Microsoft 365 Admin Center zum Verwalten von Copilot-Lizenzen und -Einstellungen in der gesamten Organisation.

Community-Einblicke: Nutzen Sie die Fülle an Informationen in der offiziellen GitHub Copilot-

Dokumentation und in Onlineforen, um Tipps und Best Practices zu entdecken.

Gestaltung eines personalisierten Copilot-Erlebnisses

Indem Sie die Kontrolle über die Einstellungen von Copilot übernehmen, können Sie es zu einem intuitiven Codierungsverbündeten machen, der perfekt mit Ihrem Programmierstil und Ihren Projektanforderungen synchronisiert wird. Beachten Sie, dass die optimalen Einstellungen je nach persönlichem Codierungsansatz, Projektanforderungen und Komfort bei der Automatisierung unterschiedlich sein können. Experimentieren Sie mit verschiedenen Konfigurationen, um die perfekte Balance zu finden, die Ihre Programmiereffizienz und Kreativität steigert und Copilot zu einem unverzichtbaren Partner auf Ihrem Weg zur Softwareentwicklung macht.

Integration von Copilot in Ihren Entwicklungsworkflow

In der dynamischen Welt der Softwareentwicklung steht Effizienz an erster Stelle. Entwickler sind immer auf der Suche nach Tools und Techniken, die nicht nur ihren Workflow rationalisieren, sondern auch die Freiheit bieten, sich auf die Kunst des Programmierens zu konzentrieren. Microsoft Copilot zeichnet sich in diesem Zusammenhang als bahnbrechend aus und bietet einen intelligenten Codierungsassistenten, der sich mühelos in Ihr Entwicklungsökosystem einfügt. In diesem Leitfaden erfahren Sie, wie Sie Copilot nahtlos in Ihre tägliche Programmierpraxis integrieren und sein volles Potenzial ausschöpfen können, um Ihre Programmiererfahrung zu verbessern.

Entschlüsselung Ihres Workflows und Ihrer Anforderungen

Der Weg zur Harmonisierung von Copilot mit Ihrem Workflow beginnt mit einem tiefen Einblick in Ihre aktuellen Entwicklungspraktiken. Dazu gehört, dass Sie die sich wiederholenden oder zeitaufwändigen Aufgaben lokalisieren und die Nuancen Ihrer bevorzugten Tools und Programmiergewohnheiten verstehen.

Betrachten Sie Folgendes:

Ihre bevorzugten Entwicklungstools: Egal, ob Sie auf eine bestimmte integrierte Entwicklungsumgebung (IDE) wie Visual Studio

Code oder eine Mischung aus Texteditor und Compiler schwören, Copilot ist so konzipiert, dass es sich reibungslos in das Tool Ihrer Wahl integrieren lässt.

Codierungsstil und -einstellungen: Jeder Entwickler hat einen einzigartigen Ansatz für die Codierung, von der Einrückung und Formatierung bis hin zu Namenskonventionen. Die Anpassungsfähigkeit von Copilot stellt sicher, dass es sich an Ihren persönlichen Programmierstil anpassen kann, sodass sich seine Vorschläge wie eine natürliche Erweiterung Ihres Denkprozesses anfühlen.

Routinemäßige Codierungsaufgaben: Identifizieren Sie die Aufgaben, die Ihre Zeit in Anspruch nehmen, z. B. das Erstellen von Standardcode oder das Implementieren allgemeiner Datenstrukturen. Dies sind Bereiche, in denen Copilot eingreifen und einen erheblichen Einfluss haben kann.

Integration von Copilot: Anpassung an Ihre Programmierumgebung

Mit einem klaren Verständnis Ihres Workflows können Sie Copilot in Ihre

Entwicklungsumgebung einbetten. Die meisten modernen IDEs bieten ein einfaches Setup für die Copilot-Erweiterung. Nehmen Sie sich etwas Zeit, um die Einstellungen zu optimieren, um Copilot wirklich zu Ihrem zu machen.

Zu den wichtigsten Einstellungen, auf die Sie sich konzentrieren sollten, gehören:

Sprach- und Framework-Einstellungen: Informieren Sie Copilot über die von Ihnen verwendete Programmiersprache und das Framework, damit es kontextrelevante Code-Ergänzungen und Vorschläge bereitstellen kann.

Codestilanpassungen: Optimieren Sie Copilot, um Ihre Codierungsstileinstellungen einzuhalten und Aspekte wie Abstände, Einrückungen und Namenskonventionen abzudecken.

Customizing-Vorschläge: Passen Sie die Granularität der Vorschläge von Copilot an, von umfassenden Funktionsdefinitionen bis hin zu prägnanten Code-Snippets, basierend auf Ihren Anforderungen und der Komplexität der Aufgabe.

Maximierung der Fähigkeiten von Copilot für mehr Produktivität

Mit Copilot, das fein integriert und angepasst ist, können Sie die unzähligen Möglichkeiten erkunden, wie es Ihre Codierungseffizienz verbessern kann. So können Sie die Fähigkeiten von Copilot nutzen:

Code-Vervollständigung: Die Echtzeit-Vorschläge von Copilot für Variablen, Funktionen und Codeblöcke können den Zeitaufwand für Routinecodierung und Syntaxsuche erheblich reduzieren.

Refactoring-Hilfe: Wenn es Zeit für ein Refactoring ist, kann Copilot alternative Codestrukturen und Best-Practice-Empfehlungen anbieten, um sicherzustellen, dass Ihr Code sauber und effizient bleibt.

Kontextbezogene Vorschläge: Die Intelligenz von Copilot glänzt durch die Bereitstellung von Vorschlägen, die nicht nur generisch sind, sondern auf den spezifischen Kontext Ihres Projekts zugeschnitten sind, einschließlich relevanter Variablennamen und Funktionsaufrufe.

Adaptives Lernen: Während Sie programmieren, lernt Copilot aus Ihrem Stil und Ihren Vorlieben und passt seine zukünftigen Vorschläge noch besser an Ihre Programmiergewohnheiten an.

Mehr als nur Rationalisierung: Kreativität und Innovation freisetzen

Der Wert von Copilot geht über die reine Effizienz hinaus; Es ist ein Katalysator für Kreativität und Innovation. Durch die Automatisierung der alltäglichen Aspekte des Programmierens wird Ihr Geist frei, um sich auf strategisches Denken und kreative Problemlösungen zu konzentrieren.

Hier sind Möglichkeiten, wie Copilot Ihre Kreativität inspirieren kann:

Ermutigen zum Experimentieren: Wenn Sie mehr Zeit zur Verfügung haben, können Sie verschiedene Codierungsstrategien erkunden und mit neuen Lösungen experimentieren.

Erlernen neuer Technologien: Nutzen Sie die durch Copilot eingesparte Zeit, um in neue Bibliotheken und Frameworks einzutauchen, Ihren technischen Horizont zu erweitern und Innovationen zu fördern.

Konzentration auf die Problemlösung: Verlagern Sie Ihren Fokus von sich wiederholenden Codierungsaufgaben auf das Herzstück Ihres Projekts - die Kernlogik und Problemlösung, was zu einfallsreicheren und effektiveren Lösungen führt.

Indem Sie Copilot in Ihren Entwicklungsprozess integrieren und seine Funktionen voll ausschöpfen, optimieren Sie nicht nur Ihren Programmier-Workflow, sondern öffnen auch die Türen zu einer Welt voller Kreativität und Innovation. Copilot ist mehr als nur ein Werkzeug; Es ist ein Partner in Ihrem Bestreben, saubereren, effizienteren Code zu erstellen und den Weg für die Entwicklung bahnbrechender Softwarelösungen zu ebnen.

Teil 2

Beherrschen der Copilot-Funktionen

Kapitel 3: Entwerfen von Text und Code mit Copilot

Microsoft Copilot hat die Programmierlandschaft verändert und bietet mehr als nur seine bemerkenswerten Fähigkeiten in den Bereichen Codevervollständigung und Refactoring. Eines der herausragenden Merkmale ist die Möglichkeit, sowohl Text als auch Code zu entwerfen, was eine neue Ära der Effizienz und Kreativität für Entwickler auf breiter Front einläutet.

Die Verschmelzung von Text und Code: Ein Game-Changer für Entwickler

Die moderne Entwicklungslandschaft erfordert eine Mischung aus technischen Fähigkeiten und klarer Kommunikation. Von der Erstellung einer gründlichen Dokumentation bis hin zum Verfassen artikulierter E-Mails ist der Tag eines Entwicklers mit Textaufgaben gefüllt. Copilot springt ein, um die Lücke zu schließen, und bietet eine einheitliche Plattform für die Erstellung von Text und Code.

Maximierung der Textunterstützung von Copilot

Stellen Sie sich Folgendes vor: Sie haben die Aufgabe, eine detaillierte Dokumentation für Ihr neuestes Projekt zu schreiben. Copilot kann Ihren Code überprüfen, präzise Erklärungen und Beschreibungen vorschlagen, den Zeitaufwand für die Dokumentation verkürzen und es Ihnen ermöglichen, sich auf die Verfeinerung Ihrer Botschaft zu konzentrieren.

Horizonte erweitern: Die Vielseitigkeit des Textentwurfs

Die Fähigkeiten von Copilot bei der Texterstellung gehen über die reine Dokumentation hinaus. Hier sind einige andere Bereiche, in denen es glänzt:

Informative Kommentare schreiben: Verabschieden Sie sich von generischen Kommentaren und lassen Sie Copilot umfassende Erklärungen vorschlagen, die den Zweck, die Logik und das Verhalten Ihres Codes verdeutlichen.

Erläuterung technischer Konzepte in E-Mails: Bei der Kommunikation mit nicht-technischen Stakeholdern kann Copilot dabei helfen, klare und prägnante E-Mails zu verfassen, um sicherzustellen, dass Ihre Botschaft verstanden wird, ohne auf Fachjargon zurückzugreifen.

Erstellen von Aufgabenbeschreibungen und Meeting-Agenden: Vereinfachen Sie das Projektmanagement, indem Sie mit Copilot gut organisierte Aufgabenbeschreibungen und Tagesordnungen erstellen, die wichtige Informationen und Aktionspunkte hervorheben.

Passen Sie Ihren Textassistenten an Ihre Bedürfnisse an

Die Textvorschläge von Copilot können an Ihre Vorlieben angepasst werden, sodass Sie:

Definieren Sie den Kontext: Durch die Bereitstellung von Kontext ermöglichen Sie es

Copilot, Vorschläge zu generieren, die besser auf den Zweck Ihres Textes abgestimmt sind.

Wählen Sie Ihren Ton: Abhängig von Ihrer Zielgruppe und der Art Ihrer Botschaft können Sie einen Ton auswählen, der entweder formell oder informell ist.

Vorschläge verfeinern: Die Vorschläge von Copilot sind ein Ausgangspunkt. Fühlen Sie sich frei, sie an Ihren Kommunikationsstil und den Inhalt, den Sie vermitteln möchten, anzupassen.

Die Vorteile der Integration von Text und Code

Die Einbeziehung des Textentwurfs in Ihren Entwicklungsprozess bringt mehrere Vorteile mit sich:

Erhöhte Produktivität: Sparen Sie wertvolle Zeit, indem Sie den manuellen Aufwand für das Schreiben von Dokumentationen, Kommentaren und anderen Textelementen minimieren.

Klarere Kommunikation: Verbessern Sie die Klarheit und Prägnanz Ihrer Kommunikation, sowohl innerhalb Ihres Teams als auch mit externen Parteien.

Verbesserte Kreativität: Indem Sie neue Wege erkunden, um Ihre technischen Gedanken zu artikulieren, können Sie kreative Lösungen und innovative Ansätze zur Problemlösung freischalten.

Einen kollaborativen Ansatz mit Copilot verfolgen

Die Textentwurfsfunktion von Copilot betont den kollaborativen Charakter der Softwareentwicklung, der über das bloße Programmieren hinausgeht. Durch die nahtlose Integration von Text- und Codeerstellung ermöglicht Copilot Entwicklern, effektivere Kommunikatoren zu werden und eine effiziente Zusammenarbeit und den Austausch von Ideen innerhalb ihrer Teams zu fördern.

Zusammenarbeit mit Copilot

Egal, ob Sie ein erfahrener Entwickler oder ein Neuling sind, die Textentwurfsfunktionen von Copilot bieten ein leistungsstarkes Werkzeug, um Ihre Arbeitsabläufe und Kommunikationsfähigkeiten zu verbessern. Tauchen Sie ein in diese einzigartige Funktion und entdecken Sie, wie sie Ihren Entwicklungsprozess rationalisieren, Ihre Kommunikation verbessern und neue Ebenen der Kreativität und Teamarbeit inspirieren kann.

Bereitstellung effektiver Aufforderungen und Anweisungen

Microsoft Copilot ist nicht nur ein Programmiertool. Es ist ein Kooperationspartner, der bereit ist, Ihren Entwicklungsworkflow zu revolutionieren. Um sein volles Potenzial auszuschöpfen, liegt der Schlüssel darin, die Kunst der Kommunikation zu beherrschen. Effektive Eingabeaufforderungen und Anweisungen sind Ihre Geheimwaffen, die Ihre Programmierziele in umsetzbare Erkenntnisse des Copiloten verwandeln.

Die Essenz einer klaren Kommunikation:

Stellen Sie sich vor, Sie arbeiten mit einem Kollegen zusammen, der eine andere Sprache spricht. Die Zusammenarbeit war voller Missverständnisse. Ebenso benötigt Copilot klare Anleitungen, um Ihre Ziele zu verstehen und irrelevante oder nicht zielgerichtete Vorschläge zu vermeiden.

Das Handwerk, überzeugende Eingabeaufforderungen zu erstellen:

Eingabeaufforderungen sind das Herzstück Ihrer Interaktion mit Copilot. Sie sind wie ein Kompass, der die Reaktionen von Copilot leitet. Hier erfahren Sie, wie Sie Eingabeaufforderungen erstellen, die ins Schwarze treffen:

Präzision und Klarheit: Vermeiden Sie Mehrdeutigkeiten. Anstatt zu sagen: "Verbessern Sie diesen Code", bestimmen Sie genau die Verbesserung, die Sie suchen, z. B. eine bestimmte Funktion oder ein Problem, das Sie angehen.

Kontext ist wichtig: Zeichnen Sie ein lebendiges Bild der Landschaft Ihres Codes und der endgültigen Ziele Ihres Projekts. Dies hilft Copilot, das Gesamtbild zu erfassen, was zu Vorschlägen führt, die mit Ihrer Vision übereinstimmen.

Veranschaulichen Sie mit Beispielen: Streuen Sie nach Möglichkeit Codeschnipsel oder Beispiele ein, um Ihre Anfrage zu verdeutlichen. Dies bildet eine solide Grundlage für die Vorschläge von Copilot.

Beispiele für punktgenaue Eingabeaufforderungen:

"Erstellen Sie eine Funktion, die zwei Zahlen akzeptiert und ihr Produkt zurückgibt."

"Entwickeln Sie Code, der basierend auf Benutzereingaben eine benutzerdefinierte Fehlermeldung anzeigt."

"Erweitern Sie diesen Codeausschnitt um eine Schleife, die ein Array von Elementen durchläuft."

Verfeinern Sie Ihre Kommunikation mit Anweisungen:

Während Eingabeaufforderungen die Grundlage bilden, bauen Anweisungen die Struktur auf. Sie bieten Copilot eine detaillierte Blaupause, wie Sie Ihre Anfrage angehen können. Hier sind einige Strategien zum Erstellen von Anweisungen, die Anklang finden:

Handlungsorientierte Anleitung: Gehen Sie über allgemeine Anforderungen wie "Korrigieren Sie diesen Code" hinaus. Geben Sie die genauen Schritte an, z. B. das Umbenennen einer Variablen aus Gründen der Übersichtlichkeit oder das Verfeinern einer Funktion für die Leistung.

Einschränkungen hervorheben: Wenn Ihr Projekt besondere Anforderungen oder Einschränkungen hat, z. B. Speicherbeschränkungen oder Kompatibilitätsprobleme, teilen Sie diese mit. Dadurch wird sichergestellt, dass die Vorschläge von Copilot mit den individuellen Spezifikationen Ihres Projekts übereinstimmen.

Externe Referenzen einbeziehen: Weisen Sie Copilot gegebenenfalls auf Dokumentationen oder Codebeispiele hin, die das Verständnis weiter verfeinern können.

Beispiele für wirkungsvolle Anweisungen:

"Verwenden Sie aussagekräftige Variablennamen im gesamten Code."

"Richten Sie den Code an den etablierten Stilrichtlinien des Projekts aus."

"Konzentrieren Sie sich auf die Verbesserung der Lesbarkeit und Wartbarkeit des Codes."

Das Potenzial von Copilot durch Kommunikation freisetzen:

Indem Sie Ihre Fähigkeiten bei der Erstellung präziser Eingabeaufforderungen und Anweisungen verbessern, schaffen Sie die Voraussetzungen für

Copilot, um seine wertvollste Unterstützung zu leisten. Denken Sie daran, je detaillierter und spezifischer Ihre Kommunikation ist, desto genauer und nützlicher werden die Vorschläge von Copilot sein, die Sie zu einer optimierten und effektiveren Entwicklungsreise führen.

Die Vorschläge und Antworten von Copilot verstehen

Begeben Sie sich auf eine Reise mit Microsoft Copilot, Ihrem KI-Navigator im Programmieruniversum. Dieser digitale Co-Pilot hat die Programmierlandschaft neu definiert und bietet Echtzeit-Einblicke und Lösungen, um Ihre Programmierreise zu verbessern. Die Kunst des Dolmetschens und der Integration von Copilots Weisheit in Ihre Projekte zu beherrschen, ist jedoch vergleichbar mit dem Erlernen einer neuen Sprache. Dieser Leitfaden dient als Kompass, der Ihnen hilft, die Sprache von Copilot zu entschlüsseln und seine Ratschläge in unschätzbare Ressourcen für Ihre Programmierbemühungen umzuwandeln.

1. Die Karte des Kontexts:

Die Anleitung von Copilot ist eine Fundgrube an Erkenntnissen, die akribisch aus der Karte Ihres aktuellen Codes erstellt wurden. Die Schätze, die es bietet, werden beeinflusst von:

Die aktuelle Codezeile: Ihre aktuelle Position, gekennzeichnet durch die verwendeten Variablen, Funktionen und Syntax.

Das Terrain des umgebenden Codes: Die Codelandschaft, die Ihre Position umgibt und Copilot Hinweise auf die umfassenderen Projektziele und die Architektur bietet.

Der Dialekt der Programmiersprache und des Frameworks: Die spezifische Sprache und das Framework, in dem Sie navigieren, und diktieren die Syntax und die Funktionalitäten, die Ihnen zur Verfügung stehen.

Mit diesen Elementen legt Copilot einen Kurs fest, der darauf abzielt, die am besten geeigneten Wege auf Ihrer Codierungsreise vorherzusagen und vorzuschlagen.

2. Vorschläge zum Ausgraben:

Der Kompass von Copilot weist Sie auf eine Vielzahl von Programmier-Reichtümern hin:

Code-Vervollständigungs-Schätze: Es enthüllt Pfade, indem es Funktionen, Schleifen oder Bedingungen vervollständigt und Hinweise aus der Karte Ihres Codes aufnimmt.

Hinweise auf versteckte Variablen und Funktionen: Es schlägt Namen oder Funktionen vor, die mit der Codierungslandschaft in Einklang stehen und aus weit verbreiteten Bibliotheken und Praktiken stammen.

Routen zu alternativen Strukturen: Manchmal zeigt Copilot alternative Pfade an, um dasselbe Ziel zu erreichen, und bietet Ihnen die Wahl zwischen Wegen, denen Sie folgen können.

3. Den Kurs festlegen:

Diese Vorschläge sind Leuchttürme, keine Direktiven. Ihr wahrer Wert wird durch sorgfältige Prüfung erschlossen:

Genauigkeitsprüfpunkte: Überprüfen Sie die vorgeschlagene Route auf Syntaxkorrektheit, Einhaltung der Codierungsprinzipien und Ausrichtung an der Logik Ihres Projekts.

Wartbarkeitsmarkierungen: Entscheiden Sie sich für Pfade, die die Codeklarheit, die Lesbarkeit und die zukünftige Anpassungsfähigkeit verbessern.

Persönliche Stilwegweiser: Stellen Sie sicher, dass die Vorschläge Ihre Programmierpräferenzen und stilistischen Entscheidungen widerspiegeln.

Üben Sie die Weisheit Ihres Navigators: Fühlen Sie sich ermächtigt, die Vorschläge von Copilot zu ändern oder von ihnen wegzunavigieren, wenn sie nicht mit Ihrer Vision übereinstimmen oder wenn Sie effizientere Routen entdecken.

4. Verbesserung des Dialogs mit Ihrem digitalen Navigator:

Die Verfeinerung Ihrer Interaktion mit Copilot ist vergleichbar mit dem Verfeinern Ihrer Navigationsfähigkeiten:

Klären Sie Ihre Karte: Verwenden Sie Kommentare und beschreibende Benennungen, um Ihre Absichten zu verdeutlichen, damit Copilot Sie leichter anleiten kann.

Passen Sie den Kompass an: Passen Sie die Einstellungen von Copilot an Ihren bevorzugten Codierungsdialekt, -stil und -landschaft an, um sicherzustellen, dass die Anleitung besser auf Ihre Bedürfnisse abgestimmt ist.

Begeben Sie sich auf Lernreisen: Interagieren Sie mit Copilot in verschiedenen

Programmierszenarien, um die Sprache besser zu verstehen. Jede Interaktion ist eine Gelegenheit, zu lernen, wie man seine Vorschläge effektiver interpretieren kann.

Indem Sie den Kontext der Anleitung von Copilot beherrschen, die vorgeschlagenen Pfade mit einem kritischen Auge bewerten und Ihre Kommunikation mit diesem digitalen Navigator verfeinern, erschließen Sie sich einen mächtigen Verbündeten auf Ihren Programmierexpeditionen. Copilot wurde entwickelt, um Sie zu unterstützen, nicht um Ihre Reise zu steuern. Es lädt Sie ein, seine Erkenntnisse als reichhaltige Ressource zu nutzen und gleichzeitig Ihre Projekte mit Ihrem eigenen Fachwissen und Ihrer Vision zu steuern.

Vorschläge annehmen, verwerfen und regenerieren

Treten Sie mit Microsoft Copilot, Ihrem KI-Choreografen, in den Tanz des Programmierens ein und führen Sie durch die komplizierten Schritte der Softwareentwicklung. Aber wie führst du diesen Tanz, um sicherzustellen, dass Copilot deinem Tempo folgt? Dieser Leitfaden befasst sich mit den wesentlichen Techniken des Annehmens, Beiseitelegens und Neuerfindens von Copilots

Hinweisen und verwandelt Sie von einem bloßen Teilnehmer in einen Maestro in der Symphonie des Programmierens.

Die perfekte Harmonie: Wenn Copilot den richtigen Ton trifft

Stellen Sie sich vor, Sie erstellen eine Funktion, um die Fläche eines Rechtecks zu berechnen. Sie haben den Rahmen festgelegt und die wesentlichen Variablen deklariert. Jetzt ist es an der Zeit, die Formel zu schreiben. Copilot schlägt im Einklang mit Ihrem Rhythmus die genaue Gleichung "Länge, Breite" vor. Nach einer kurzen Überprüfung erkennen Sie die Genauigkeit und Übereinstimmung mit Ihrem Kontext. Wenn Sie diesen Vorschlag annehmen, wird Ihre Codezeile mühelos vervollständigt, wodurch Sie wertvolle Zeit sparen und Genauigkeit gewährleisten

Das Annehmen von Vorschlägen ist jedoch nicht immer ein automatischer Reflex. Es ist wichtig:

Überprüfung auf Genauigkeit: Überprüfen Sie den vorgeschlagenen Codeausschnitt auf mögliche Diskrepanzen oder Konflikte mit Ihrem vorhandenen Code oder Ihrer Logik.

Berücksichtigen Sie Klarheit: Beurteilen Sie, ob der Vorschlag mit Ihrem Programmierstil harmoniert und die Lesbarkeit für Sie und Ihre Mitarbeiter erhalten bleibt.

Eigentum behalten: Denken Sie daran, dass Sie der Dirigent Ihres Codes sind. Das Annehmen eines Vorschlags entbindet Sie nicht von der Verantwortung, seine Funktion zu verstehen.

Die Gnade des Loslassens: Wenn Copilot aus dem Takt gerät

Nicht jeder Hinweis von Copilot wird mit Ihrer Programmiermelodie in Resonanz stehen. Gründe für die Veröffentlichung eines Vorschlags können sein:

Nicht übereinstimmende Funktionalität: Der vorgeschlagene Code führt möglicherweise nicht die beabsichtigte Aktion aus oder führt zu Fehlern in Ihrem Code.

Irrelevanter Kontext: Der Vorschlag mag im Allgemeinen relevant sein, aber nicht für den spezifischen Kontext Ihrer aktuellen Komposition geeignet sein.

Stildissonanz: Der Vorschlag stimmt möglicherweise nicht mit Ihrem bevorzugten Codierungsstil oder den Codierungsstandards Ihres Projekts überein.

Wenn Sie mit einem unpassenden Vorschlag konfrontiert werden, lassen Sie ihn anmutig los. Klicken Sie auf das "x"-Symbol neben dem Vorschlag oder verwenden Sie die von Ihrer Entwicklungsumgebung bereitgestellten Tastenkombinationen. Dies signalisiert Copilot, dass der Vorschlag nicht in Harmonie ist, und ermöglicht es Ihnen, weiterzumachen.

Reimagining für eine frische Kadenz: Wenn Sie einen neuen Rhythmus suchen

Manchmal stimmt der ursprüngliche Vorschlag möglicherweise nicht vollständig mit Ihrer Vision überein, kann aber dennoch zu neuen Richtungen inspirieren. Hier kommt die Magie des Reimagining ins Spiel. Durch Klicken auf das Symbol "Regenerieren" oder über die entsprechende Tastenkombination laden Sie Copilot ein, einen neuen Alternativvorschlag zu unterbreiten. Dies kann von unschätzbarem Wert sein, wenn:

Exploring Diverse Pathways: Sie möchten verschiedene Lösungsansätze untersuchen und verschiedene Codestrukturen vergleichen.

Feinabstimmung des Vorschlags: Sie sind nahe an der idealen Lösung, benötigen aber eine leichte Anpassung des vorgeschlagenen Codes.

Kreative Blockaden durchbrechen: Ein neuer Vorschlag kann den Nebel der Schreibblockade zerstreuen und einen neuen Ausgangspunkt für den Fortschritt bieten.

Denken Sie daran, dass die Neugestaltung den vorherigen Vorschlag nicht auslöscht; Es enthüllt einfach eine andere Option neben der bestehenden. Sie können dann das am besten geeignete Code-Snippet für Ihr Meisterwerk auswählen.

Indem Sie die Kunst beherrschen, die Vorschläge von Copilot anzunehmen, freizugeben und neu zu gestalten, machen Sie dieses leistungsstarke Tool von einer reinen Code-Vervollständigungs-Engine zu einem aktiven Mitarbeiter. Sie orchestrieren den Fluss der Vorschläge und stellen sicher, dass sie mit Ihrem Codierungsstil, Ihrer Logik und Ihren übergeordneten Projektzielen synchronisiert werden. Dieser kollaborative Ansatz ermöglicht es Ihnen, saubereren, effizienteren Code zu erstellen und gleichzeitig Ihr Verständnis des Codierungsprozesses selbst zu vertiefen, und das alles in perfekter Harmonie mit Ihrem KI-Partner.

Anpassen von Copilots Stil und Ton

Treten Sie ein in das Reich von Microsoft Copilot, Ihrem intelligenten Verbündeten für die Programmierung, der Sie bei der Erstellung Ihres Codes in Echtzeit unterstützt. Aber was passiert, wenn die Vorschläge von Copilot nicht ganz mit Ihrem einzigartigen Programmierflair oder dem spezifischen Ambiente übereinstimmen, das Ihr Projekt erfordert? Keine Angst, denn Copilot ist mit einer Fülle von Anpassungsoptionen ausgestattet, mit denen Sie seine Vorschläge so gestalten können, dass sie perfekt zu Ihrem Programmierstil und dem Ton Ihres Projekts passen.

Dekodierungsstil und Ton in der Welt des Programmierens:

- Stil: Dies umfasst die strukturelle Blaupause Ihres Codes, einschließlich der Konventionen, die Sie für Einrückung, Abstände, Benennung von Variablen und Kommentare einhalten. Ein einheitlicher Stil ist mehr als nur eine kosmetische Wahl; Es ist ein Beweis für Ihre Professionalität und Ihr Engagement für Best Practices, um sicherzustellen, dass Ihr Code lesbar und wartbar bleibt.

- Ton: Der Ton Ihres Codes ist zwar subtiler als der Stil, aber es geht darum, wie er mit anderen Entwicklern kommuniziert. Sie wird von Ihrer Sprachwahl (z. B. die Entscheidung für beschreibende Variablennamen), der Granularität Ihrer Kommentare und der Gesamtarchitektur Ihres Codes beeinflusst.

Personalisierung von Copilot für ein maßgeschneidertes Erlebnis:

Copilot bietet eine Reihe von Funktionen, um seine Vorschläge an Ihre persönlichen Vorlieben und Projektanforderungen anzupassen:

1. Sprach- und Framework-Einstellungen: Durch die Angabe der verwendeten Programmiersprache und des verwendeten Frameworks leiten Sie Copilot an, Vorschläge zu generieren, die der Syntax und den Konventionen entsprechen, die für die von Ihnen gewählte Sprache spezifisch sind.

2. Anpassung des Codestils: Legen Sie Ihre Einstellungen für Einrückungen, Abstände und Namenskonventionen fest und beobachten Sie, wie Copilot Vorschläge priorisiert, die Ihre stilistischen Entscheidungen widerspiegeln.

3. Vorschlagsdetailkontrolle: Passen Sie die Granularität der Vorschläge von Copilot an Ihre

Bedürfnisse an, von vollständigen Funktionsdefinitionen bis hin zu prägnanten Codeschnipseln oder Variablennamen.

4. Kontextuelle Klarheit durch Kommentare: Verbessern Sie das Verständnis von Copilot, indem Sie Ihren Code mit klaren Kommentaren versehen und den Zweck von Funktionen, Logik oder Designentscheidungen erläutern. Dadurch wird sichergestellt, dass die Vorschläge von Copilot mit dem breiteren Kontext und Ton Ihres Projekts übereinstimmen.

5. Verfeinerung durch Interaktion: Im Laufe der Zeit, wenn Sie mit Copilot interagieren, lernt es aus Ihren Vorlieben. Indem Sie Vorschläge annehmen oder anpassen, leiten Sie Copilot subtil an, sich besser an Ihren gewünschten Stil und Ton anzupassen.

Die Vorteile eines passgenauen Copiloten:

Das Verhalten von Copilot nach Ihren Wünschen anzupassen, bringt eine Vielzahl von Vorteilen mit sich:

- Verbesserte Lesbarkeit und Wartung: Ein einheitlicher Stil verbessert die Lesbarkeit Ihres Codes und erleichtert Ihnen und Ihren Kollegen die Navigation und Wartung im Laufe der Zeit.

- Minimiertes Refactoring: Wenn die Vorschläge von Copilot mit Ihrem Stil harmonieren, verbringen Sie weniger Zeit damit, Code an Ihre stilistischen Standards anzupassen.

- Erhöhte Kommunikation: Klarer, prägnanter und gut erklärter Code fördert eine bessere Zusammenarbeit und ein besseres Verständnis zwischen Entwicklern.

- Projektspezifische Abstimmung: Sie können den Ton von Copilot so anpassen, dass er die Ziele Ihres Projekts widerspiegelt, sei es die Verwendung detaillierter Kommentare für öffentlich zugänglichen Code oder die Entscheidung für Kürze in internen Projekten.

Wenn Sie Copilot Zeit für die Anpassung nehmen, verwandelt es sich von einem bloßen Werkzeug in eine echte Erweiterung Ihrer Programmierpersönlichkeit. Indem Sie sicherstellen, dass Stil und Ton mit Ihren Vorlieben und den Anforderungen Ihres Projekts übereinstimmen, erschließen Sie einen leistungsstarken Verbündeten, der nicht nur Ihren Workflow rationalisiert, sondern auch die Klarheit, Wartbarkeit und das kollaborative Potenzial Ihres Codes erhöht.

Kapitel 4

Fortgeschrittene Copilot-Techniken

Microsoft Copilot hat sich zu einem vertrauenswürdigen Begleiter für Entwickler entwickelt und bietet aufschlussreiche Codevorschläge, die den Codierungsprozess optimieren. Aber die wahre Stärke von Copilot liegt in seinem Potenzial, geformt und verbessert zu werden. Dieser Leitfaden befasst sich mit fortgeschrittenen Copilot-Techniken, mit denen Sie Ihre Programmierfähigkeiten auf ein neues Niveau heben können.

1. Erstellen Sie den perfekten Leitfaden: Die Kunst präziser Aufforderungen:

Die Magie von Copilot entfaltet sich, wenn Sie klare, spezifische Anweisungen geben. Stellen Sie sich Ihre Eingabeaufforderungen als detaillierte Karte vor, der Copilot folgen kann. So legen Sie einen genauen Kurs fest:

Detail ist Ihr Freund: Je detaillierter Ihre Eingabeaufforderung ist, desto maßgeschneiderter sind die Vorschläge von Copilot. Geben Sie beispielsweise anstelle eines generischen "Diese

Liste sortieren" den Sortieralgorithmus und den Datentyp für eine gezieltere Antwort an.

Bereiten Sie die Szene vor: Geben Sie Copilot einen Einblick in das Gesamtbild. Die Bereitstellung von Kontext zum übergeordneten Zweck Ihres Codes hilft Copilot, seine Vorschläge an Ihren übergeordneten Zielen auszurichten.

Auf dem aufbauen, was vorhanden ist: Wenn Sie bereits mit dem Codieren einer bestimmten Funktionalität begonnen haben, fügen Sie dies in Ihre Eingabeaufforderung ein. Dies dient als Bezugspunkt und hilft Copilot bei der Erstellung von Vorschlägen, die sich nahtlos in Ihre bestehende Arbeit einfügen.

2. Jenseits einfacher Vorschläge: Das volle Potenzial von Copilot freisetzen:

Die Fähigkeiten von Copilot gehen weit über die reine Code-Vervollständigung hinaus. Nutzen Sie seine Leistungsfähigkeit, um vollständige Funktionen, Klassen und sogar komplizierte Datenstrukturen zu generieren:

Automatisieren Sie mit Funktionsfabriken: Optimieren Sie die Erstellung neuer Funktionen, indem Sie einen beschreibenden Namen und Zweck in Ihrer Eingabeaufforderung angeben.

Copilot kann die gesamte Funktionsdefinition mit Parametern und grundlegender Logik zaubern.

Müheloser Klassenaufbau: Erstellst du eine neue Klasse? Skizzieren Sie den Zweck und die wichtigsten Attribute in Ihrer Eingabeaufforderung und lassen Sie Copilot den Rest erledigen, um ein gut strukturiertes Klassenskelett für Sie zu erstellen.

3. Verfeinern Sie Ihren Code: Unterstützung von Copilot beim Refactoring und Debugging:

Copilot ist nicht nur zum Schreiben von neuem Code da; Es ist auch ein wertvoller Verbündeter bei der Verfeinerung von vorhandenem Code:

Optimieren Sie mit Refactoring: Teilen Sie Ihren aktuellen Code und die gewünschten Verbesserungen mit Copilot. Es kann alternative Implementierungen oder Umstrukturierungstechniken vorschlagen, um die Lesbarkeit und Effizienz Ihres Codes zu verbessern.

Debugging Insights: Copilot ist zwar kein Ersatz für gründliche Tests, kann aber Einblicke in potenzielle Fehler bieten. Beschreiben Sie das Problem und das unerwartete Verhalten, und

Copilot kann das Problem lokalisieren oder Korrekturen vorschlagen.

4. Erkundung unerforschter Gebiete: Erweiterte Funktionen von Copilot:

Entdecken Sie die zahlreichen erweiterten Funktionen, die Copilot bietet:

Effiziente Codesuche: Finden Sie schnell bestimmte Codesegmente in Ihrem Projekt oder in öffentlichen Repositories mit der Suchfunktion von Copilot. Benötigen Sie eine Zusammenfassung des vorhandenen Codes? Copilot kann einen prägnanten Überblick geben und Aufschluss über den Zweck und die Implementierung geben.

Maßgeschneiderte Erfahrung: Passen Sie Copilot an Ihre Programmiergewohnheiten und Ihren Workflow an. Passen Sie die Einstellungen in Bezug auf Codestil, Vorschlagsebene und Sprachunterstützung an, um sicherzustellen, dass sich Copilot wie eine natürliche Erweiterung Ihres Codierungsprozesses anfühlt.

Ein Wort der Vorsicht: Obwohl Copilot ein hervorragendes Tool ist, ist es wichtig, seine Vorschläge kritisch zu überprüfen. Passen Sie die Empfehlungen an und prüfen Sie sie, um sicherzustellen, dass sie mit Ihren

Codierungsstandards und Projektanforderungen übereinstimmen.

Durch die Nutzung dieser fortschrittlichen Techniken können Sie Copilot von einem reinen Programmierassistenten in einen dynamischen Partner verwandeln, der es Ihnen ermöglicht, saubereren, effizienteren Code zu schreiben und Ihre Programmierreise mit neu gewonnener Geschwindigkeit und Präzision zu navigieren.

Nutzung von Copilot für bestimmte Programmiersprachen und Frameworks

Begeben Sie sich mit Microsoft Copilot, Ihrem KI-inspirierten Programmierverbündeten, auf eine Reise, die die Landschaft der Softwareentwicklung verändert. Copilot ist bekannt für seine Echtzeit-Codeanalyse und aufschlussreichen Vorschläge, aber die wahre Stärke von Copilot liegt in seiner Anpassungsfähigkeit. Dieser Leitfaden führt Sie durch den Prozess der Anpassung von Copilot, um sein volles Potenzial in einem Spektrum von Programmiersprachen und Frameworks auszuschöpfen und ein nahtloses und verbessertes Programmiererlebnis zu gewährleisten.

Entdecken Sie die Kernstärken von Copilot:

Im Mittelpunkt der Fähigkeiten von Copilot stehen:

Kontextbezogene Vorhersagen: Es analysiert Syntax, Variablen und Codestruktur komplex, um logische Vervollständigungen und Vorschläge anzubieten.

Lernen aus einer Fülle von Code: Copilot wurde auf einer Vielzahl von öffentlichen Code-Repositories trainiert und absorbiert gängige Muster und Best Practices, die für jede Sprache und jedes Framework spezifisch sind.

Personalisierung: Sie können das Verhalten von Copilot optimieren, indem Sie Ihre bevorzugte Sprache, Ihr Framework und Ihren bevorzugten Programmierstil festlegen und sicherstellen, dass die Vorschläge mit Ihrem Programmierethos übereinstimmen.

Erschließung des Potenzials in verschiedenen Sprachen:

Jede Programmiersprache und jedes Framework hat ihre eigenen Eigenschaften. Hier erfahren Sie, wie Copilot fein abgestimmt werden kann, um Ihre Programmierreise zu verbessern:

1. Python:

Funktions- und Klassenvervollständigungen: Copilot glänzt mit dem Vorschlag vollständiger Python-Funktionsdefinitionen und Klassenstrukturen, insbesondere für beliebte Bibliotheken wie NumPy und Pandas.

Automatische Docstring-Generierung: Verwenden Sie Copilot, um umfassende Docstrings zu generieren, und nutzen Sie die Typhinweise von Python, um die Lesbarkeit und Wartbarkeit des Codes zu verbessern.

2. JavaScript:

Framework-spezifische Unterstützung: Unabhängig davon, ob Sie React, Angular oder Vue.js verwenden, kann Copilot relevante Vorschläge für Komponentenstrukturen, Lebenszyklusmethoden und die Integration mit bestimmten Bibliotheken liefern.

Beherrschung der asynchronen Programmierung: Copilot hilft bei der Navigation durch die Feinheiten von Promises und asynchroner/await-Syntax und bietet Snippets für die Fehlerbehandlung und verkettete Operationen.

3. Java:

Integration mit Spring Framework: Für Spring Boot-Enthusiasten versteht Copilot gängige Spring-Anmerkungen und schlägt Controller-Methoden, Service-Implementierungen und Abhängigkeitsinjektionskonfigurationen vor.

Java 8-Funktionen: Copilot ist mit Java 8-Funktionen wie Lambda-Ausdrücken und funktionalen Schnittstellen vertraut und hilft Ihnen, Ihren Code mit funktionalen Programmiertechniken zu optimieren.

4. C#:

.NET Framework Insights: Copilot bietet maßgeschneiderte Vorschläge für .NET-Bibliotheken und -Frameworks, z. B. ASP.NET und Entity Framework, und unterstützt die Entwicklung von Desktopanwendungen und Webdiensten.

Anleitung zu Async/Await: Copilot unterstützt die asynchrone Programmierung in C#, schlägt Code für asynchrone Methoden vor und verwaltet Abbruchaufgaben.

Nutzung von Framework-spezifischen Funktionen:

Die Vielseitigkeit von Copilot erstreckt sich auch auf Frameworks und bietet maßgeschneiderte Unterstützung für:

Frameworks für maschinelles Lernen (TensorFlow, Porch): Erhalten Sie Anleitungen zum Erstellen neuronaler Netzwerkarchitekturen, zur Datenvorverarbeitung und zu Trainingsschleifen.

Web Development Frameworks (Django, Express.js): Erhalten Sie Vorschläge für Routing, Datenmodelle und Datenbankinteraktionen.

Optimieren Sie Ihr Copilot-Erlebnis:

Um das Potenzial von Copilot voll auszuschöpfen:

Bieten Sie reichhaltigen Kontext: Je detaillierter der Kontext ist, den Sie durch Kommentare und Variablennamen bereitstellen, desto besser kann Copilot seine Vorschläge auf die Anforderungen Ihres Projekts zuschneiden.

Einstellungen optimieren: Erkunden und passen Sie Spracheinstellungen, Codestileinstellungen und Vorschlagsdetailstufen an, um das Verhalten von Copilot an Ihren Programmierstil und Ihre Projektanforderungen anzupassen.

Nutzen Sie sie als Lernressource: Analysieren Sie die Vorschläge von Copilot kritisch, tauchen Sie in die Logik dahinter ein und nutzen Sie sie als Sprungbrett, um Ihr Programmierwissen zu erweitern.

Wenn Sie die Anpassung von Copilot beherrschen, können Sie es in einen dynamischen Programmierpartner verwandeln, der in der Lage ist, die Nuancen verschiedener Programmiersprachen und Frameworks zu navigieren. Nutzen Sie die intelligente Anleitung von Copilot und heben Sie Ihre Programmiereffizienz und Kreativität auf ein unvergleichliches Niveau.

Verwendung von Copilot für Codevervollständigung, Refactoring und Debugging

In der sich ständig weiterentwickelnden Welt der Softwareentwicklung ist das Streben nach Effizienz und Innovation von größter Bedeutung. Hier kommt Microsoft Copilot ins Spiel, Ihr KI-infundierter Programmierbegleiter, der bereit ist, Ihre Programmierabenteuer zu revolutionieren, indem er Sie dabei unterstützt, eleganteren und robusteren Code zu erstellen und gleichzeitig Ihr kreatives Potenzial freizusetzen. Lassen Sie uns untersuchen, wie Copilot Ihr Verbündeter in drei zentralen Bereichen sein kann: Codevervollständigung, Refactoring und Debugging.

1. Urheberrecht Code-Vervollständigung: Segel setzen mit optimierter Entwicklung

Stellen Sie sich einen Co-Navigator vor, der Ihre Programmierpfade antizipiert und Ihnen eine Fundgrube relevanter Vorschläge präsentiert, während Sie Ihren Kurs festlegen. Das ist die Essenz der Code-Vervollständigungsfunktion von Copilot. Wenn Sie beginnen, Ihren Code zu weben, taucht Copilot in den Kontext ein und analysiert Variablen, Syntax und den umgebenden Codeteppich. Ausgestattet mit dieser Erkenntnis sagt es die logischste Fortsetzung Ihrer aktuellen Linie voraus und stützt sich dabei auf eine Fülle etablierter Codierungsmuster.

Diese Vorhersagen werden als Vorschläge angeboten, sodass Sie Ihr Code-Snippet mühelos vervollständigen, an Ihre individuellen Bedürfnisse anpassen oder einfach beiseite legen und Ihre Programmierreise fortsetzen können. Diese

Funktion beschleunigt nicht nur Ihre Entwicklungsreise, sondern verlagert auch Ihren Fokus auf das Herzstück der Programmlogik, sodass Sie einfacher und effizienter durch Ihre Programmierreise navigieren können.

2. Refactoring: Navigieren zu verbesserter Lesbarkeit und Wartbarkeit

Wenn Ihre Codebasis wächst und sich durch die Komplexität der Entwicklung windet, wird die Aufrechterhaltung ihrer Klarheit und Struktur zu einem entscheidenden Unterfangen. Hier erweist sich Copilot als wertvoller Leitfaden für die Kunst des Refactorings und hilft Ihnen, Ihren Code neu zu strukturieren, um seine Lesbarkeit, Effizienz und allgemeine Integrität zu verbessern.

Copilot unterstützt diese transformative Reise durch:

Verbesserungsmöglichkeiten aufzeigen: Es scannt die Landschaft Ihres Codes, identifiziert potenzielle Redundanzen oder Ineffizienzen und schlägt Wege zur Optimierung vor.

Alternative Wege vorschlagen: Nachdem Copilot eine Verbesserungsmöglichkeit identifiziert hat, präsentiert Copilot verschiedene Ansätze, um die gleiche Funktionalität mit saubererem, optimiertem Code zu erreichen.

Aufpolierung des Codestils und der Lesbarkeit: Copilot kann Ihren Code automatisch so formatieren, dass er Ihren stilistischen Vorlieben entspricht, um eine visuell kohärente und leicht navigierbare Codebasis zu gewährleisten.

Indem Sie die Refactoring-Erkenntnisse von Copilot nutzen, können Sie sicherstellen, dass Ihr Code organisiert, wartbar und belastbar bleibt, was den Weg für einen reibungsloseren Ablauf Ihrer Entwicklungsreise ebnet.

3. Debugging: Fehler mit Präzision und Geschwindigkeit aufdecken

Die Aufgabe des Debuggens, eine Suche nach dem Aufdecken und Beheben von Fehlern in Ihrem Code, kann oft ein entmutigendes und zeitintensives Unterfangen sein. Copilot ist bereit, diesen Prozess zu beschleunigen, indem es einen Kompass an Erkenntnissen und Lösungen anbietet:

Aufzeigen potenzieller Fallstricke: Copilot nutzt sein Wissen über Best Practices für die Codierung und kann potenzielle Fehler aufzeigen und Sie auffordern, diese proaktiv zu untersuchen und zu beheben.

Bereitstellung von Lösungen und Erklärungen: Neben der bloßen Identifizierung von Fehlern schlägt Copilot Abhilfemaßnahmen vor und klärt die zugrunde liegenden Ursachen auf, wodurch die Zeit im Debugging-Labyrinth reduziert wird.

Vereinfachung komplizierter Debugging-Quests: Für komplexe Debugging-Herausforderungen bietet Copilot Anleitungen durch relevante Dokumentationen oder schlägt Wege zur weiteren Erkundung vor, die Ihnen helfen, durch das Code-Labyrinth zu navigieren, um die Fehlerquelle zu lokalisieren.

Mit den Debugging-Fähigkeiten von Copilot können Sie schnell durch die Gewässer der Fehlerbehebung navigieren, sodass Sie mehr Zeit für die Entwicklung innovativer Softwarelösungen aufwenden können.

Zusammenfassend lässt sich sagen, dass Copilot ein starker Verbündeter in Ihrer Programmier-Odyssee ist und eine Reihe von Funktionen bietet, die nicht nur Ihren Entwicklungsprozess rationalisieren, sondern auch die Qualität Ihres Codes erhöhen.

Ganz gleich, ob Sie die Code-Vervollständigungsfunktionen nutzen, um Ihre Programmierreise zu beschleunigen, die Refactoring-Erkenntnisse nutzen, um eine makellose Codebasis zu erhalten, oder sich auf die Debugging-Unterstützung verlassen, um schnell durch Fehler zu navigieren, Copilot ist Ihr intelligenter Programmierbegleiter, der Sie dazu antreibt, mit neu gewonnener Geschwindigkeit und Kreativität überlegene Software zu entwickeln.

Erkunden erweiterter Funktionen wie Codesuche und Zusammenfassung

Während die Fähigkeiten von Copilot bei der Codevervollständigung weithin anerkannt sind, gehen seine Fähigkeiten weit über die Erstellung der nächsten Codezeile hinaus. Dieses robuste Tool beherbergt eine Fundgrube an erweiterten Funktionen, die alle darauf ausgelegt sind, Ihre Programmierreise zu rationalisieren und Ihre Entwicklungserfahrung zu bereichern.

1. Navigieren in der Codebasis: Die Kunst der Codesuche

Begeben Sie sich dank der Code-Suchfunktion von Copilot ganz einfach auf eine Reise durch riesige Codebasen. So verändert es Ihre Sucherfahrung:

Kontextueller Kompass: Im Gegensatz zu herkömmlichen Suchwerkzeugen taucht die Codesuche von Copilot in den Kontext Ihres aktuellen Codes ein und bietet eine geführte Erkundung anstelle einer bloßen Schlüsselwortsuche.

Präzisionszuordnung: Konzentrieren Sie sich mit intelligenter Filterung auf Ihr Ziel, indem Sie Parameter wie Sprache, Funktionsname oder

Variablentyp angeben, um genau das zu bestimmen, was Sie suchen.

Integrierte Journey: Greifen Sie direkt in Ihrer Entwicklungsumgebung auf diese Suchfunktion zu, um eine nahtlose und unterbrechungsfreie Codierung zu gewährleisten.

Die Vorteile der Codesuche:

Zeitsparende Expeditionen: Finden Sie schnell bestimmte Codeelemente und gewinnen Sie wertvolle Zeit für die Entwicklung.

Förderung der Wiederverwendung von Code: Aufdecken von vorhandenem Code, der wiederverwendet werden kann, um die Wartbarkeit zu fördern und Redundanz zu reduzieren.

Vertiefung des Verständnisses der Codebasis: Verbessern Sie Ihr Verständnis der Struktur und der Funktionalitäten des Projekts durch explorative Suchen.

2. Komplexität enthüllen: Die Macht der Code-Zusammenfassung

Im Bereich der komplizierten Codebasen glänzt die Code-Zusammenfassungsfunktion von Copilot als Leuchtfeuer der Klarheit und bietet prägnante

Zusammenfassungen von Codeabschnitten, Funktionen oder ganzen Dateien.

Die Mechanik der Zusammenfassung:

Mühelose Extraktion: Wählen Sie den betreffenden Code aus, und Copilot destilliert seine Essenz und hebt die wichtigsten Funktionen und Logiken hervor.

Klare, natürliche Sprache: Die Zusammenfassungen sind in einfachem Englisch verfasst, um die Zugänglichkeit auch für Personen mit begrenzten Programmierkenntnissen zu gewährleisten.

Anpassungsfähige Details: Passen Sie die Tiefe der Zusammenfassung an Ihre Bedürfnisse an, von einem breiten Überblick bis hin zu einer detaillierten Analyse des Zwecks und der Funktionalität des Codes.

Die Vorteile der Codezusammenfassung:

Verbessertes Verständnis: Erfassen Sie schnell die Kernfunktionen von komplexem Code und umgehen Sie die Notwendigkeit einer zeilenweisen Entschlüsselung.

Erleihterung der Zusammenarbeit: Kommunizieren Sie komplizierte Codelogik mit Leichtigkeit an Teamkollegen oder Kunden und fördern Sie so eine bessere Projektzusammenarbeit.

Rationalisierung von Code-Reviews: Identifizieren Sie potenzielle Probleme oder verbesserungswürdige Bereiche effizient, indem Sie die grundlegenden Aspekte verschiedener Codeabschnitte verstehen.

3. Personalisierung des Erlebnisses: Erweiterte Anpassungsoptionen

Copilot ist nicht nur ein Werkzeug; Es ist Ihr Programmierpartner und bietet Anpassungsoptionen, um seine Unterstützung an Ihren individuellen Workflow und Ihre Vorlieben anzupassen.

- Sprach- und Framework-Einstellungen: Informieren Sie Copilot über die von Ihnen verwendeten Sprachen und Frameworks und stellen Sie sicher, dass die Vorschläge auf Ihre spezifische technologische Landschaft zugeschnitten sind.

Vorschlagsdetails steuern: Passen Sie die Granularität der Vorschläge von Copilot an Ihre Aufgabe an, unabhängig davon, ob Sie vollständige Codeschnipsel oder nur einen Hinweis benötigen.

Personalisierung des Codestils: Definieren Sie Ihre Einstellungen für den Codierungsstil, einschließlich Formatierungs- und Namenskonventionen, und Copilot integriert diese in seine Vorschläge, um die Konsistenz in Ihrer gesamten Codebasis zu gewährleisten.

Indem Sie sich mit den erweiterten Funktionen von Copilot befassen, erschließen Sie eine Reihe von Möglichkeiten und verbessern Ihren Entwicklungsprozess mit Effizienz und Klarheit. Von der mühelosen Navigation in Codebasen bis hin zum Verständnis komplexer Codestrukturen – Copilot ermöglicht es Ihnen, die Herausforderungen der Softwareentwicklung mit Zuversicht und Kreativität zu meistern.

Kapitel 5

Arbeiten mit Copilot in verschiedenen Anwendungen

Microsoft Copilot hat seine Position als wertvolles Asset für Entwickler gefestigt, die ihren Workflow optimieren und ihre Codierungseffizienz verbessern möchten. Seine Fähigkeiten gehen jedoch über die herkömmliche integrierte Entwicklungsumgebung (IDE) hinaus. Lassen Sie uns untersuchen, wie Copilot sein Potenzial für verschiedene Anwendungen nutzen kann, damit Sie seine vollen Funktionen nutzen können.

Erweiterung über Code-Editoren hinaus: Enthüllung der Vielseitigkeit von Copilot

Copilot zeichnet sich zwar durch Code-Editoren wie Visual Studio Code aus, seine Funktionalität geht jedoch über herkömmliche Entwicklungsumgebungen hinaus. Hier ist ein Einblick, wie Copilot nahtlos in verschiedene Anwendungen integriert werden kann und so Ihre Produktivität und Kreativität steigert:

1. Verbesserung der Teamkommunikation:

- Müheloses Verfassen von E-Mails: Beim Verfassen von E-Mails in Plattformen wie Microsoft Teams oder Outlook kann Copilot bei der Erstellung prägnanter und grammatikalisch korrekter Inhalte helfen. Bild: Sie erhalten maßgeschneiderte Vorschläge für Betreffzeilen, Textinhalte und professionelle Begrüßungen, die alle auf den Empfänger und den Kontext zugeschnitten sind.

- Erleichterung von Meeting-Agenden und -Protokollen: Die Erstellung von Meeting-Agenden und -Protokollen kann zeitaufwändig sein. Copilot kann vergangene Besprechungsdetails analysieren und relevante Gesprächspunkte, Aktionspunkte und Teilnehmer vorschlagen, wodurch Sie Zeit sparen und eine gründliche Dokumentation gewährleisten.

2. Intensivierung der Dokumentationsbemühungen:

- Optimierte Inhaltserstellung: Unabhängig davon, ob Sie Benutzerhandbücher, Tutorials oder Entwicklerdokumentationen erstellen, kann Copilot eine klare und prägnante Sprache vorschlagen, um sicherzustellen, dass Ihre Dokumentation leicht verständlich ist.

- Automatisieren von sich wiederholendem Text: Viele Dokumente enthalten sich wiederholende Abschnitte, wie z. B. Haftungsausschlüsse oder Copyright-Informationen. Copilot kann das Einfügen dieser Standardelemente erlernen und automatisieren, sodass Sie sich auf einzigartige Inhalte konzentrieren können.

3. Urheberrecht Verbesserung des Projektmanagements:

- Vereinfachte Aufgabenaufschlüsselung: Bei der Skizzierung von Projektplänen in Tools wie Microsoft Project oder Asana kann Copilot geeignete Aufgabenaufschlüsselungen und Abhängigkeiten vorschlagen, um sicherzustellen, dass Ihre Projekt-Roadmap klar definiert ist.

- Erstellen von Besprechungsnotizen und Aktionspunkten: Während Projektbesprechungen kann Copilot wichtige Diskussionen erfassen und automatisch detaillierte Notizen erstellen, einschließlich Aktionspunkten mit zugewiesenen Personen und Fristen, um eine klare Kommunikation und Verantwortlichkeit zu fördern.

4. Erleichterung der Datenanalyse:

- Verfeinerte Abfrageformulierung: Unabhängig davon, ob Sie mit Tabellenkalkulationen in Excel arbeiten oder Datenvisualisierungstools wie Power BI erkunden, kann Copilot bei der Erstellung präziser und präziser Abfragen helfen, sodass Sie die gewünschten Erkenntnisse effizient aus Ihren Datensätzen extrahieren können.

- Erstellung von Berichtsgliederungen und Zusammenfassungen: Bei der Erstellung von Berichten auf der Grundlage von Datenanalysen kann Copilot dabei helfen, Gliederungen zu strukturieren und prägnante Zusammenfassungen der wichtigsten Ergebnisse vorzuschlagen, um Zeit zu sparen und Klarheit bei der Datenpräsentation zu gewährleisten.

Das Potenzial von Copilot ausschöpfen: Auf Ihre Bedürfnisse zugeschnitten

Copilot ist so konzipiert, dass es sich an Ihre Interaktionen anpasst und daraus lernt. Durch die konsequente Verwendung in verschiedenen Anwendungen können Sie es trainieren, Ihre spezifischen Bedürfnisse und Vorlieben zu verstehen, immer relevantere Vorschläge zu machen und seine Effektivität in verschiedenen Kontexten zu verbessern.

Copilot geht über die traditionelle Codierung hinaus und entwickelt sich zu einem leistungsstarken Tool zur Steigerung von Produktivität und Kreativität in verschiedenen Anwendungen. Von der Kommunikation über das Projektmanagement bis hin zur Datenanalyse hat Copilot das Potenzial, Ihren Workflow zu revolutionieren. Nutzen Sie seine Vielseitigkeit und entdecken Sie, wie Sie in einer Reihe von Anwendungen mehr erreichen können.

Spezifische Funktionalitäten und Workflows für Copilot in Word, Excel, Teams und anderen Anwendungen

Microsoft Copilot, das KI-gesteuerte Produktivitätstool, ist nicht mehr auf den Bereich des Programmierens beschränkt. Seine Reichweite geht weit über die Unterstützung bei Programmieraufgaben hinaus und bietet eine Fülle von Funktionen für ein Spektrum von Anwendungen innerhalb der Microsoft 365-Suite und darüber hinaus. Lassen Sie uns herausfinden, wie Copilot Ihren Workflow in einigen der gängigsten Anwendungen verbessert:

Wort:

Inspiriertes Brainstorming: Fällt es Ihnen schwer, Ihren Schreibprozess in Gang zu bringen? Copilot greift mit Aufforderungen und Vorschlägen ein, die auf Ihrem ursprünglichen Text oder dem gewählten Thema basieren. Von der Erstellung formeller Berichte bis hin zum Verfassen gelegentlicher E-Mails bietet es verschiedene kreative Schreibstile, um Ihre Reise zur Erstellung von Inhalten zu starten.

Effiziente Recherche und Zusammenfassung: Inmitten eines Meeres von Informationen kommt Copilot zur Rettung, indem es Ihre Forschungsmaterialien scannt und zu prägnanten Zusammenfassungen destilliert, wodurch Sie wertvolle Zeit und Mühe sparen.

Grammatik- und Stilhilfe: Sie sind sich bei Grammatik oder Satzbau nicht sicher? Copilot fungiert als Ihr virtueller Redakteur, der potenzielle Fehler lokalisiert und Vorschläge für Klarheit und Prägnanz macht, um sicherzustellen, dass Ihr Schreiben mit Professionalität glänzt.

Ausstechen:

Aufschlussreiche Datenanalyse: Ertrinken Sie in Tabellenkalkulationen? Copilot taucht tief in Ihre

Daten ein, deckt Trends und Muster auf und präsentiert sie in visuell ansprechenden Diagrammen und Visualisierungen. Es schlägt sogar relevante Formeln und Funktionen vor, um komplexe Berechnungen zu vereinfachen.

Automatisierte Formatierung und Berichterstellung: Verabschieden Sie sich von sich wiederholenden Formatierungsaufgaben! Copilot lernt aus Ihren früheren Aktionen und automatisiert Formatierungsstile für Tabellen und Diagramme, spart Zeit und sorgt für Konsistenz in Ihren Tabellenkalkulationen.

Vorausschauende Modellierung und Prognose: Müssen Sie zukünftige Trends vorhersehen? Copilot analysiert historische Daten, bietet Einblicke in potenzielle zukünftige Ergebnisse und ermöglicht es Ihnen, fundierte Entscheidungen zu treffen.

Mannschaften:

Müheloses Meeting-Management: Verloren in einem Labyrinth von Meeting-Notizen? Copilot transkribiert Meetings automatisch, hebt wichtige Punkte und Aktionspunkte hervor und sorgt so für Klarheit und Verantwortlichkeit für alle Teilnehmer.

Optimierte Meeting-Zusammenfassung: Überwältigt von langen Meeting-Agenden? Copilot erstellt prägnante Zusammenfassungen von Diskussionen, erfasst wichtige Entscheidungen und Folgeaufgaben und erleichtert die nahtlose Kommunikation innerhalb Ihres Teams.

Smart Responses: Fehlen Ihnen in einem Team-Chat die Worte? Copilot analysiert den Gesprächskontext und schlägt relevante Antworten vor, spart Zeit und Mühe und fördert gleichzeitig eine effektive Kommunikation.

Über die Suite hinaus: Ausweitung des Einflusses von Copilot

Während Microsoft 365-Anwendungen ihre Leistungsfähigkeit unter Beweis stellen, geht der Einfluss von Copilot noch weiter. Seine Sprachanalysefunktionen öffnen Türen zur Integration mit anderen Anwendungen wie Projektmanagement-Tools und E-Mail-Plattformen. Stellen Sie sich vor, Sie erhalten E-Mail-Zusammenfassungen oder generieren automatisch Aufgabenlisten basierend auf Ihrer Kommunikation.

Das volle Potenzial entfalten

Durch die Nutzung der vielfältigen Funktionen von Copilot erschließen Sie den Schlüssel zu mehr Produktivität, unabhängig von Ihrem Beruf. Denken Sie daran, dass Copilot ein Begleiter ist, kein Ersatz für Ihre Fähigkeiten und Kreativität. Seine Aufgabe ist es, Arbeitsabläufe zu rationalisieren, alltägliche Aufgaben zu automatisieren und aufschlussreiche Vorschläge zu machen, um Ihre Effizienz zu steigern, während Sie sich in der dynamischen Landschaft der modernen Arbeit zurechtfinden. Wenn Sie tiefer in die Funktionen eintauchen, wird Copilot zu Ihrem vertrauenswürdigen Verbündeten, der Sie zu mehr Produktivität und Erfolg führt

Teil 3:

Optimieren Sie Ihr Copilot-Erlebnis

Kapitel 6: Personalisierung von Copilot für mehr Produktivität

Microsoft Copilot hat die Codierung verändert, indem es als intelligenter Assistent fungiert, Echtzeitvorschläge bietet und Arbeitsabläufe rationalisiert. Aber wussten Sie, dass Sie Copilot personalisieren können, um Ihre Produktivität weiter zu steigern? Durch die Nutzung der Anpassungsoptionen können Sie es in eine Erweiterung Ihres Programmierstils und Ihrer Vorlieben verwandeln.

Feinabstimmung der Suggestions-Engine:

Die Vorschläge von Copilot basieren auf dem Verständnis Ihres Programmierkontexts. Sie können dieses Verständnis jedoch verfeinern, indem Sie die Programmiersprache und das Framework angeben, mit dem Sie arbeiten. Dadurch wird sichergestellt, dass Copilot Code-Snippets vorschlägt, die für die Syntax und die

Funktionalitäten relevant sind, die für die von Ihnen gewählte Umgebung spezifisch sind.

Darüber hinaus können Sie Ihren bevorzugten Codestil definieren. Dazu gehören Aspekte wie Einzug, Abstände und Namenskonventionen. Indem Sie die Vorschläge von Copilot an Ihren etablierten Stil anpassen, können Sie die Codekonsistenz aufrechterhalten und die Notwendigkeit von Nachcodierungsänderungen reduzieren.

Anpassen der Vorschlagsebene:

Copilot bietet Flexibilität im Umfang seiner Vorschläge. Sie können den Detaillierungsgrad auswählen, den Sie am hilfreichsten finden. Wenn Sie vollständige Funktionalität oder Klassendefinitionen bevorzugen, kann Copilot damit umgehen. Wenn Sie hingegen detailliertere Vorschläge für kleinere Codesegmente bevorzugen, können Sie die Einstellungen entsprechend anpassen. Dieses Maß an Kontrolle ermöglicht es Ihnen, die Unterstützung von Copilot an Ihre spezifischen Bedürfnisse und Programmiergewohnheiten anzupassen.

Über die Grundeinstellungen hinaus: Erweiterte Anpassung

Copilot bietet mehr als nur Sprach- und Stilpräferenzen. Sie können tiefer eintauchen und benutzerdefinierte Konfigurationen basierend auf Ihren spezifischen Projekten und Codierungsaufgaben erstellen. Hier sind einige zusätzliche Optionen für fortgeschrittene Benutzer:

Benutzercode-Ausschlüsse: Schließen Sie bestimmte Codeabschnitte oder Dateien aus der Copilot-Analyse aus. Dies ist nützlich, um die vollständige Kontrolle über vertraulichen Code oder Abschnitte mit eindeutigen Codierungsstilen zu behalten.

Anpassbare Tastenkombinationen: Weisen Sie Tastenkombinationen für häufig verwendete Aktionen zu, um Ihren Workflow weiter zu optimieren und die Abhängigkeit von der Maus zu verringern.

Integration mit externen Tools: Integrieren Sie Copilot in andere Entwicklungstools, die Sie verwenden, z. B. Code-Linters oder Test-Frameworks. Auf diese Weise kann Copilot zusätzliche Informationen aus diesen Tools nutzen, was möglicherweise zu noch relevanteren und genaueren Vorschlägen führt.

Das volle Potenzial von Copilot ausschöpfen:

Durch die Anpassung von Copilot erhalten Sie einen einzigartigen Vorteil: einen Programmierassistenten, der Ihre individuellen Vorlieben versteht und sich nahtlos in Ihren Entwicklungsprozess integriert. Diese personalisierte Erfahrung kann zu erheblichen Vorteilen führen:

Erhöhte Effizienz: Maßgeschneiderte Vorschläge können den Zeitaufwand für sich wiederholende Aufgaben erheblich reduzieren, sodass Sie sich auf die kreativen Aspekte des Programmierens konzentrieren können.

Reduzierte Fehler: Die Einhaltung Ihres bevorzugten Codierungsstils durch die Vorschläge von Copilot kann Fehler und Inkonsistenzen in Ihrem Code minimieren.

Verbessertes Lernen: Die Auseinandersetzung mit verschiedenen Code-Snippets und Vorschlägen kann Ihr Programmierwissen erweitern und Sie mit neuen Techniken und Best Practices vertraut machen.

Denken Sie daran, dass Personalisierung ein fortlaufender Prozess ist. Wenn sich Ihre Programmierkenntnisse und Projektanforderungen weiterentwickeln, sollten sich auch Ihre Copilot-

Einstellungen weiterentwickeln. Indem Sie die Optionen regelmäßig überprüfen und anpassen, können Sie sicherstellen, dass Ihr KI-Codierungspartner weiterhin die effektivste Unterstützung für alle Ihre Codierungsbemühungen bietet.

Anpassen von Tastenkombinationen und Einstellungen

Microsoft Copilot ist ein leistungsstarkes KI-Tool, das entwickelt wurde, um den Codierungsprozess zu rationalisieren, indem es Echtzeitvorschläge anbietet und sich wiederholende Aufgaben automatisiert. Um jedoch das volle Potenzial auszuschöpfen und Ihren Workflow zu verbessern, ist es entscheidend, die Tastenkombinationen und Einstellungen an Ihre individuellen Bedürfnisse anzupassen.

Warum anpassen?

Die Standardeinstellungen entsprechen möglicherweise nicht immer Ihrer bevorzugten Arbeitsweise. Durch Anpassen dieser Aspekte können Sie:

Steigern Sie die Effizienz: Optimieren Sie Ihren Arbeitsablauf, indem Sie häufig verwendeten Copilot-Funktionen praktische Verknüpfungen zuweisen und so das Navigieren in Menüs oder die Verwendung der Maus minimieren.

Erhöhen Sie den Komfort: Passen Sie die Tastenkombinationen an Ihre bestehenden Programmiergewohnheiten und -präferenzen an, um ein intuitiveres und komfortableres Erlebnis zu schaffen.

Maximieren Sie die Kontrolle: Passen Sie das Verhalten von Copilot an Ihren spezifischen Codierungsstil an und stellen Sie sicher, dass die Vorschläge mit Ihren Codierungsstandards und -präferenzen übereinstimmen.

Erkunden von Anpassungsoptionen:

Die spezifischen Optionen für die Anpassung können je nach Anwendung, mit der Sie Copilot verwenden, leicht variieren. Hier sind jedoch einige gängige Bereiche, die Sie personalisieren können:

1. Tastenkombinationen:

Auslösen von Vorschlägen: Weisen Sie eine Tastenkombination zu, um das Vorschlagsfenster von Copilot sofort zu aktivieren, sodass Sie schnell auf Codevorschläge zugreifen können, ohne Ihren Codierungsfluss zu unterbrechen.

Annehmen und Ablehnen von Vorschlägen: Legen Sie dedizierte Tastenkombinationen zum Akzeptieren oder Ablehnen vorgeschlagener Codeausschnitte fest. Dies ermöglicht eine schnellere Iteration und vermeidet die Verwendung der Maus oder das Navigieren durch Menüs.

Navigieren in Vorschlägen: Passen Sie Verknüpfungen zum Wechseln zwischen verschiedenen vorgeschlagenen Codeoptionen an, sodass Sie schnell verschiedene Möglichkeiten erkunden und die am besten geeignete auswählen können.

2. Benutzereinstellungen:

Sprache und Framework: Geben Sie die primäre Programmiersprache und das Framework an, mit dem Sie arbeiten. Dies hilft Copilot, seine Vorschläge auf die spezifische Syntax und die Konventionen zuzuschneiden, die in dieser bestimmten Sprache und diesem Framework verwendet werden.

Codestil: Definieren Sie Ihren bevorzugten Codierungsstil, einschließlich Einzug, Abstand und Namenskonventionen. Dadurch wird sichergestellt, dass die Vorschläge von Copilot Ihren Codierungsstandards entsprechen und die Codekonsistenz aufrechterhalten.

Vorschlagsebene: Wählen Sie den gewünschten Detaillierungsgrad in den Vorschlägen aus. Zu den Optionen können vollständige Funktions- oder Klassendefinitionen, Code-Snippets für bestimmte Zeilen oder sogar Variablennamen gehören. Das Ausbalancieren dieser Ebene ermöglicht es Ihnen, einen Sweet Spot zwischen dem Erhalt umfassender Vorschläge und der Kontrolle über den von Ihnen geschriebenen Code zu finden.

Kontrolle übernehmen: So passen Sie an

Die Schritte zum Anpassen der Copilot-Einstellungen umfassen in der Regel den Zugriff auf die Einstellungen oder das Einstellungsmenü Ihres bevorzugten Code-Editors. Hier ist ein allgemeiner Prozess, der Sie anleiten soll:

1. Greifen Sie auf das Einstellungsmenü zu: Suchen Sie das Einstellungs- oder Einstellungsmenü in Ihrem Code-Editor. Diese

finden Sie im Menü "Datei" oder über ein spezielles Einstellungssymbol.

2. Navigieren Sie zu den Copilot-Einstellungen: Suchen Sie nach einem Abschnitt oder einer Kategorie, die den Copilot-Einstellungen gewidmet ist. Dies könnte "Copilot", "AI Assistant" oder etwas Ähnliches heißen.

3. Erkunden Sie die Anpassungsoptionen: In den Copilot-Einstellungen finden Sie Optionen zum Anpassen von Tastenkombinationen und Benutzereinstellungen. Jede Option sollte klare Anweisungen oder Beschreibungen enthalten, damit Sie verstehen können, was sie betrifft.

4. Einstellungen ändern: Wählen Sie die gewünschten Optionen oder geben Sie Ihre bevorzugten Tastenkombinationen ein. Denken Sie daran, alle vorgenommenen Änderungen zu speichern, indem Sie auf die Schaltfläche "Speichern" oder "Übernehmen" klicken.

Ein Hinweis zu Best Practices:

Fangen Sie klein an: Beginnen Sie mit der Anpassung einiger Tastenkombinationen, die sich erheblich auf Ihren Workflow auswirken. Fügen Sie nach und nach mehr hinzu, wenn Sie sich mit den Änderungen vertraut gemacht haben.

Konsistenz ist der Schlüssel: Behalten Sie konsistente Tastenkombinationen für verschiedene Anwendungen und Codierungsprojekte bei. Dies hilft beim Aufbau des Muskelgedächtnisses und reduziert die psychische Belastung beim Wechsel zwischen den Werkzeugen.

Experimentieren und erkunden: Scheuen Sie sich nicht, verschiedene Einstellungen und Tastenkombinationen auszuprobieren, um die Konfiguration zu finden, die Ihren Anforderungen am besten entspricht.

Wenn Sie sich die Zeit nehmen, die Tastenkombinationen und Einstellungen von Copilot anzupassen, können Sie es von einem hilfreichen Tool in eine nahtlose Erweiterung Ihrer Programmierumgebung verwandeln. Dieser personalisierte Ansatz wird Ihre Effizienz, Ihren Komfort und letztendlich Ihre Freude am Codierungsprozess steigern.

Integration von Copilot mit anderen Entwicklungstools und Erweiterungen

Bereiten Sie sich darauf vor, Ihre Programmierfähigkeiten zu verbessern, indem Sie Microsoft Copilot nahtlos in Ihre vertrauenswürdigen Entwicklungstools integrieren. Während Copilot für sich allein glänzt, zeigt sich sein wahres Potenzial, wenn es mit ergänzenden Erweiterungen und Plattformen kombiniert wird. Zusammen bilden sie eine Symphonie der Effizienz, die maßgeschneidert ist, um Ihre Programmierreise zu verstärken.

Synergien schaffen: Unverzichtbare Integrationen für optimale Effizienz

Begeben Sie sich auf eine Entdeckungsreise und stellen Ihnen die wichtigsten Integrationen vor, die Ihr Copilot-Erlebnis verbessern können:

1. Code-Editoren und IDEs:

Visual Studio Code (VS Code): Nutzen Sie die dedizierte Copilot-Erweiterung in VS Code, die intuitive Codevorschläge liefert und immersive "Copilot-Chat"-Funktionen für komplexe Aufgaben ermöglicht. Passen Sie Tastaturkürzel und Einstellungen an, um einen harmonischen Copilot-Workflow zu orchestrieren, der auf Ihre Vorlieben zugeschnitten ist.

Alternative Editoren: Auch wenn offizielle Erweiterungen nicht jeden Editor zieren, stellt eine lebendige Community die Präsenz von Copilot in beliebten Optionen wie IntelliJ IDEA und Sublime

Text durch Community-gesteuerte Plugins sicher, die jeweils einzigartige Funktionen bieten, um Ihr Programmiererlebnis zu bereichern.

2. Versionskontrollsysteme (VCS):

Git-Integration: Führen Sie die kollaborativen Fähigkeiten von Git und Copilot zusammen, indem Sie Browsererweiterungen verwenden, um Codeabschnitte hervorzuheben, die überprüft werden müssen. Lassen Sie Copilot Ihre Commit-Nachrichten leiten und sorgen Sie für Klarheit und Prägnanz bei Ihren Versionskontrollbemühungen.

3. Test-Frameworks:

Unit-Tests: Nutzen Sie die Synergie zwischen Copilot und Test-Frameworks wie Jest und Unknit und nutzen Sie Plugins, um mühelos relevante Unit-Testfälle zu generieren. Optimieren Sie Ihren Testprozess und sorgen Sie für eine robuste Codequalität und -stabilität.

4. Dokumentations-Tools:

API-Dokumentation: Integrieren Sie Copilot nahtlos in Swagger und Postman, um die Erstellung von API-Dokumentationen zu automatisieren. Verabschieden Sie sich von manuellen Dokumentationsbemühungen, da

Copilot Erkenntnisse aus Ihren Codekommentaren und Funktionsdefinitionen extrahiert und so Konsistenz und Genauigkeit gewährleistet.

5. Linter und Formatierer:

Code-Stil-Harmonie: Erzwingen Sie Code-Konsistenz mit der Integration von Copilot mit Slint und Prettier. Bewahren Sie mühelos die Sauberkeit und Lesbarkeit des Codes, schützen Sie sich vor Fehlern und verbessern Sie die Wartbarkeit des Projekts.

Enthüllung erweiterter Möglichkeiten

Wagen Sie sich über herkömmliche Integrationen hinaus und erkunden Sie den Bereich der benutzerdefinierten Erweiterungen und Skripte. Entwickeln Sie mit Programmierkenntnissen maßgeschneiderte Lösungen, die auf neuartige Weise mit Copilot interagieren und genau auf die Anforderungen Ihres Projekts und Ihre Programmierpräferenzen zugeschnitten sind.

Denken Sie daran: Stellen Sie die Kompatibilität mit Copilot, den von Ihnen gewählten Tools und Ihrem Betriebssystem sicher, wenn Sie Integrationen erkunden. Beginnen Sie mit einigen ausgewählten Integrationen und erweitern Sie sie schrittweise, während Sie sich mit ihren Vorteilen und Feinheiten vertraut machen.

Indem Sie Copilot mit Ihrem Entwicklungsökosystem in Einklang bringen, schaffen Sie eine verfeinerte Umgebung, die Produktivität und Zufriedenheit fördert. Entfesseln Sie das Potenzial von Integrationen, experimentieren Sie mit verschiedenen Kombinationen und erleben Sie, wie Copilot Ihre Programmierreise auf ein neues Niveau der Effizienz und Kreativität hebt.

Verwalten von Datenschutz- und Sicherheitseinstellungen

Willkommen im Reich von Microsoft Copilot, wo Programmierkenntnisse auf KI-Einfallsreichtum treffen. Wenn Sie sich mit diesem revolutionären Assistenten auf Ihre Programmier-Odyssee begeben, ist es natürlich, über die Feinheiten von Datenschutz und Sicherheit nachzudenken. Keine Angst, denn wir werden die Geheimnisse rund um den Umgang mit Daten lüften und Sie in die Lage versetzen, sich in dieser digitalen Landschaft mit Zuversicht und Klarheit zurechtzufinden.

Entschlüsselung der Datenerfassung und -nutzung:

Im Bereich von Copilot fließen Daten durch verschiedene Kanäle, darunter:

Ihre Code-Kreationen: Jeder Tastaturdruck, jede Zeile, die Sie in Ihrem Entwicklungsheiligtum erstellen oder überarbeiten, trägt zum Repository von Copilot bei.

Prompt and Response Dynamics: Binden Sie Copilot in Dialoge zur Codegenerierung ein, und sowohl Ihre Anfragen als auch die Antworten von Copilot werden Teil des Datenteppichs.

Einblicke in die Benutzeridentität: Copilot kann zwar Benutzerinformationen wie Namen und Zugehörigkeiten sammeln, aber seien Sie versichert, dass diese Details von bestimmten Code-Snippets oder Interaktionen getrennt bleiben.

Entscheidend ist, dass alle von Copilot erfassten Daten eine Metamorphose in die Anonymität durchlaufen. Ohne persönliche Identifikatoren verschmilzt es zu einem riesigen Meer von Code, ununterscheidbar und unauffindbar. Darüber hinaus verzichtet Copilot darauf, diese Daten zum Trainieren seiner KI-Modelle zu verwenden, und behält eine klare Trennung zwischen Benutzerdaten und algorithmischer Evolution bei.

Transparenz und Datenverwahrung:

Im Mittelpunkt des Ethos von Microsoft steht die Verpflichtung zu Transparenz und Benutzersouveränität über Daten. So können Sie Ihr Datenschutzschiff inmitten der Copilot-Wellen steuern:

Navigieren in der Microsoft-Datenschutzerklärung: Tauchen Sie ein in die Tiefen der Datenschutzerklärung von Microsoft, einem Kompass, der Sie durch die Feinheiten der Datenverwaltung in den verschiedenen Angeboten, einschließlich Copilot, führt.

Data Voyage Documentation: Legen Sie einen Kurs fest, um auf die Daten zuzugreifen und diese zu exportieren, die Copilot während Ihrer Programmierexpeditionen gesammelt hat. Mit diesem Wissen haben Sie Ihr Datenschicksal in der Hand.

Datenerfassung umschalten: Obwohl dies nicht der bevorzugte Kurs für eine optimale Copilot-Funktionalität ist, haben Sie weiterhin die Möglichkeit, die Datenerfassung abzulehnen. Beachten Sie jedoch, dass dies das Leuchtfeuer der personalisierten Erkenntnisse und Lernfähigkeiten von Copilot trüben kann.

Erhöhung der Sicherheit:

Hinter dem Schleier der Anonymität liegt die Bastion der Sicherheit, die Ihre Daten vor neugierigen Blicken schützt. Hier erfährst du, wie du deine Verteidigung im Copilot-Reich verstärken kannst:

Wächter der starken Authentifizierung: Verstärken Sie Ihr Microsoft-Konto mit einem robusten Kennwort und errichten Sie eine gewaltige Barriere gegen unbefugten Zugriff auf Copilot und seine Verwandten.

Sentinel of Two-Factor Authentication (2FA): Nutzen Sie die Hilfe von 2FA, um Ihr Microsoft-Konto weiter zu stärken und Ihrer Datenfestung eine undurchdringliche Sicherheitsebene hinzuzufügen.

Wachsame Updates: Halten Sie die Tore Ihres Betriebssystems und Ihrer Entwicklungsumgebung mit rechtzeitigen Sicherheitsupdates auf dem Laufenden, um sicherzustellen, dass keine Schwachstellen in Ihrer Rüstung unbehoben bleiben.

Umsichtiges Code-Sharing: Seien Sie vorsichtig, wenn Sie Code mit Copilot teilen, insbesondere wenn er vertrauliche Informationen verbirgt. Obwohl anonymisiert, ist Wachsamkeit der Eckpfeiler beim Schutz von vertraulichem oder proprietärem Code.

Harmonisierung von Funktionalität und Sicherheit:

Denken Sie beim Durchqueren der Copilot-Landschaft daran, das Gleichgewicht zwischen Funktionalität und Sicherheit zu wahren.

Indem Sie den Anonymisierungsprozess verstehen, Datenzugriffstools einsetzen und robuste Sicherheitsmaßnahmen implementieren, können Sie die Fähigkeiten von Copilot nutzen und gleichzeitig die Hoheit über Ihr Datenreich behalten. In diesem komplizierten Tanz von Funktionalität und Sicherheit sorgt die perfekte Balance für eine nahtlose Programmierreise mit Copilot als vertrauenswürdigem Leitfaden.

Kapitel 7
Fehlerbehebung bei häufigen Problemen

Ah, die Wunder der Technik! Doch inmitten des digitalen Wunderlandes lauern gelegentlich Gremlins, die bereit sind, unsere digitale Reise zu stören. Keine Angst, denn wir begeben uns auf die Mission, diese technischen Probleme zu zähmen, bewaffnet mit Wissen und Widerstandsfähigkeit. Seien Sie dabei, wenn wir die Geheimnisse zur Behebung häufiger Probleme und zur Wiederherstellung der Gelassenheit in Ihrer digitalen Domäne enthüllen.

Die Kunst der Beobachtung: Das Rätsel entschlüsseln

Bevor wir uns mit Lösungen befassen, lassen Sie uns zunächst das vorliegende Geheimnis lüften. Nehmen Sie sich einen Moment Zeit, um zu beobachten und Hinweise zu sammeln:

Erinnern Sie sich an die Szene: Was haben Sie getan, als der Glitch auftauchte? Das Verständnis des Kontexts kann potenzielle Auslöser aufdecken.

Entschlüsseln Sie die Nachricht: Ah, die kryptischen Fehlermeldungen! Welche Geschichte erzählen sie? Diese Nachrichten enthalten oft den Schlüssel zum Lösen des Rätsels.

Überprüfen Sie die letzten Änderungen: Hat sich in letzter Zeit etwas in Ihrer digitalen Welt geändert? Updates oder Neuinstallationen können den Schlüssel zum Rätsel enthalten.

Die Entlarvung des Unruhestifters: Häufige Übeltäter im digitalen Bereich

Bewaffnet mit Einsichten enthüllen wir nun die Täter, die im Schatten lauern:

Softwarefehler: Die schwer fassbaren Fehler, die im Code versteckt sind, können Ihr digitales Heiligtum verwüsten.

Hardware-Gremlins: Hüten Sie sich vor dem Flüstern fehlerhafter Hardware, von einem schelmischen RAM bis hin zu einer temperamentvollen Festplatte.

Veraltete Software: Im Laufe der Zeit kann Software veraltet sein, was zu Kompatibilitätsproblemen und Sicherheitsverletzungen führt.

Konnektivitäts-Dilemma: Ah, das verworrene Netz der Konnektivität! Eine stockende Internetverbindung kann den digitalen Fluss stören.

Konfigurationsrätsel: Falsch konfigurierte Einstellungen, die stillen Saboteure, können Chaos in Ihrer digitalen Welt säen.

Umarmung des Handelns: Strategien für die Navigation im digitalen Labyrinth

Nachdem die Feinde entlarvt sind, begeben wir uns auf die Suche nach einer Lösung:

Konsultieren Sie die Schriftrollen: Tauchen Sie ein in die Tiefen der Software-Dokumentation, wo uralte Weisheiten auf Sie warten. Hier finden Sie vielleicht Antworten auf Ihr digitales Rätsel.

Wagen Sie sich in die Archive: Die Weiten des Internets bergen einen Schatz an Wissen. Suchen Sie Trost in Online-Foren und -Communities, in denen Mitreisende Geschichten über den Triumph über technische Schwierigkeiten erzählen.

Beschwöre das Neustart-Ritual: Ah, der einfache, aber wirkungsvolle Akt des Neustarts! Oft kann diese Beschwörung die digitalen Dämonen vertreiben und die Harmonie wiederherstellen.

Jage den Updates hinterher: Bleibe wachsam bei der Suche nach Updates, denn sie versprechen Erneuerung und Stärkung gegen die Mächte des Chaos.

Sondieren Sie die Verbindungen: Sollten die digitalen Ströme ins Stocken geraten, machen Sie sich auf den Weg, um die Verbindungsleitungen zu inspizieren. Eine schnelle Fehlerbehebung kann die ausgefransten Fäden reparieren.

Ziehen Sie die Tech-Gelehrten hinzu: Wenn alles andere fehlschlägt, suchen Sie den Rat der digitalen Weisen. Spezialisten für technischen Support und erfahrene digitale Abenteurer können Ihnen in Ihrer dunkelsten Stunde Rat und Tat zur Seite stehen.

Stärkung Ihrer digitalen Bastion: Aufbau von Resilienz im digitalen Bereich

Wenn wir unsere Suche abschließen, wollen wir unsere Verteidigung gegen zukünftige Übergriffe verstärken:

Hissen Sie die Schutzschilde: Schützen Sie Ihre digitalen Schätze mit regelmäßigen Backups und schützen Sie sie vor den Launen des Schicksals.

Navigieren Sie sicher im Web: Bewegen Sie sich vorsichtig in der digitalen Wildnis und vermeiden Sie tückische Pfade und dubiose Downloads.

Beschwöre die Wächter: Bewaffne deine digitale Festung mit wachsamen Wächtern – Antiviren- und Anti-Malware-Software – um böswillige Eindringlinge abzuwehren.

Begrüßen Sie die Wachsamkeit der Updates: Nehmen Sie den Rhythmus der Updates an, denn sie hauchen Ihrem digitalen Reich Leben ein und stärken seine Abwehr gegen die sich ständig weiterentwickelnden Bedrohungen.

Mit diesen Erkenntnissen und Strategien sind Sie nun bereit, das Labyrinth der technischen Herausforderungen mit Zuversicht und Widerstandsfähigkeit zu meistern. Denken Sie daran, im Angesicht von Widrigkeiten standhaft zu bleiben, Ihren Verstand zu sammeln und sich auf Ihre Reise zum digitalen Triumph zu begeben.

Identifizieren und Beheben häufiger Fehler und unerwarteter Verhaltensweisen

Willkommen im Reich von Microsoft Copilot, Ihrem treuen KI-Programmierbegleiter. Während Copilot über immense Fähigkeiten bei der Unterstützung von Entwicklungsbemühungen verfügt, können selbst die mächtigsten Verbündeten gelegentlich über Herausforderungen stolpern. Fürchte dich nicht! Dieser Leitfaden dient als Kompass durch das Labyrinth der Copilot-Fehler und unerwarteten Verhaltensweisen und gewährleistet eine nahtlose Reise zur exzellenten Programmierung.

Entschlüsselung der Ursprünge von Fehlern:

Während wir uns auf diese Suche begeben, ist es wichtig zu verstehen, dass Copilot ein Work in Progress ist, in dem seine Fähigkeiten kontinuierlich verbessert werden. Daher können Fehler durch Einschränkungen in den Trainingsdaten oder durch das Verständnis komplizierter Codierungsnuancen entstehen. Darüber hinaus können externe Faktoren wie Softwarekonflikte oder Probleme mit der Internetverbindung zu gelegentlichem Stolpern beitragen.

Begegnung mit häufigen Macken:

Lassen Sie uns den vor uns liegenden Weg beleuchten, indem wir einige weit verbreitete Copilot-Macken und die Strategien zu deren Überwindung beleuchten:

1. Ungenaue Vorschläge:

Szenario: Copilot bietet Code-Snippets an, die das Ziel verfehlen oder von Ihren Programmierabsichten abweichen.

Fehlerbehebung:

Präzision in Eingabeaufforderungen: Geben Sie Copilot klare Anweisungen und kontextbezogene Details, um es zu Ihrem gewünschten Codierungsziel zu führen.

Überprüfung der Trainingsdaten: Sollten Diskrepanzen weiterhin bestehen, sollten Sie alternative Trainingsdatensätze in Ihren Copilot-Einstellungen untersuchen, um das Verständnis zu verfeinern.

2. Fehlende oder unvollständige Vorschläge:

Szenario: Copilot verstummt oder zeigt unvollständige Codeausschnitte an, die ein manuelles Eingreifen erfordern.

Fehlerbehebung:

Syntaxprüfung: Stellen Sie sicher, dass Ihr Code der richtigen Syntax und Struktur entspricht, und bieten Sie Copilot eine solide Grundlage für genaue Vorhersagen.

Anpassung der Vorschlagsebene: Experimentieren Sie mit der Optimierung der Einstellungen für die Vorschlagsebene, um ein Gleichgewicht zwischen Präzision und Vollständigkeit zu finden.

3. Unerwartetes Verhalten:

Szenario: Copilot zeigt ein eigenartiges Verhalten, das auf Code hindeutet, der von den Codierungsstandards abweicht oder Sicherheitslücken einführt.

Fehlerbehebung:

Manuelle Überprüfung und Tests: Seien Sie vorsichtig und führen Sie gründliche Tests des von Copilot generierten Codes durch, um die Übereinstimmung mit Codierungsstandards und Sicherheitsprotokollen sicherzustellen.

Melden von Anomalien: Sollten Anomalien weiterhin bestehen, sollten Sie sie über offizielle

Supportkanäle an Microsoft melden, um die Verfeinerung von Copilot zu unterstützen.

Wegweisende proaktive Strategien:

Lassen Sie uns über die Fehlerbehebung hinaus unsere Abwehrkräfte mit proaktiven Maßnahmen stärken, um uns auf digitalem Terrain zurechtzufinden:

Bleiben Sie auf dem Laufenden: Halten Sie Copilot mit den neuesten Softwareversionen auf dem Laufenden, schalten Sie neue Funktionen und Fehlerbehebungen frei.

Community-Engagement: Schmiede Allianzen mit anderen Entwicklern in Online-Foren und Communitys, die sich Copilot widmen, und tausche Erkenntnisse und Tipps zur Fehlerbehebung aus.

Klarheit in der Kommunikation: Artikulieren Sie Ihre Programmierabsichten präzise bei der Interaktion mit Copilot und ermöglichen Sie es ihm, genaue und maßgeschneiderte Vorschläge zu liefern.

Mit diesen Erkenntnissen und Strategien sind Sie bereit, alle Herausforderungen zu meistern, die auf Ihrer Copilot-Reise auftreten können. Nutzen Sie die sich ständig weiterentwickelnde Landschaft der KI-Codierungsunterstützung und nutzen Sie die Fähigkeiten von Copilot, um Ihre Entwicklungsbemühungen auf ein neues Niveau zu heben.

Hilfe vom Microsoft-Support und von Online-Communitys erhalten

Bei der Verwendung von Microsoft-Produkten oder -Diensten treten häufig Herausforderungen auf, aber es ist wichtig, die richtige Hilfe zu finden. In diesem Leitfaden werden zwei Hauptmöglichkeiten für Unterstützung untersucht: offizieller Microsoft-Support und Online-Communitys. Hier erfahren Sie, wie Sie diese Ressourcen nutzen können, um alle auftretenden Probleme zu lösen.

1. Offizieller Microsoft-Support:

Microsoft bietet ein robustes Supportsystem, das auf Ihre Bedürfnisse zugeschnitten ist. So greifen Sie darauf zu:

Microsoft-Supportwebsite: Dieser zentrale Hub bietet produktspezifische Seiten, eine Schlüsselwortsuchleiste und kategorisierte Hilfethemen.

Kontaktaufnahme mit dem Microsoft-Support: Für personalisierte Unterstützung stehen folgende Optionen zur Verfügung:

Live-Chat: Beteiligen Sie sich an Echtzeitgesprächen mit Microsoft-Supportmitarbeitern.

Telefonsupport: Wenden Sie sich direkt per Telefon an den Microsoft-Support, um persönliche Unterstützung zu erhalten.

E-Mail-Support: Senden Sie Ihre Anfrage über ein E-Mail-Formular auf der Support-Website, um eine zeitnahe Antwort zu erhalten.

2. Online-Gemeinschaften:

Online-Communities bieten wertvolle Unterstützung und Einblicke von anderen Benutzern. Betrachten Sie diese Plattformen:

Microsoft Tech Community: Dieses offizielle Forum ermöglicht es Benutzern, Fragen zu stellen, Wissen auszutauschen und an technischen Problemen zusammenzuarbeiten.

Microsoft Answers-Foren: Diese Foren richten sich an bestimmte Produkte und bieten benutzergenerierte Inhalte und Diskussionen.

Social Media Gruppen: Zahlreiche Social Media Gruppen, die sich mit Microsoft-Produkten befassen, fördern die Interaktion und den Wissensaustausch.

Maximieren Sie Ihre Support-Erfahrung

Um beide Unterstützungsmöglichkeiten optimal zu nutzen, befolgen Sie diese Tipps:

Formulieren Sie Ihr Problem klar: Seien Sie spezifisch in Bezug auf das Problem, mit dem Sie konfrontiert sind.

Stellen Sie relevanten Kontext bereit: Fügen Sie Details wie Produktversion und Fehlermeldungen hinzu.

Verwenden Sie Suchfunktionen: Verwenden Sie Schlüsselwörter, um zu sehen, ob Ihre Frage bereits beantwortet wurde.

Konstruktives Engagement: Seien Sie respektvoll und professionell in Ihren Interaktionen.

Lösungen kritisch bewerten: Stellen Sie sicher, dass die Lösungen den offiziellen Empfehlungen von Microsoft entsprechen.

Denken Sie daran, dass die Suche nach Hilfe ein positiver Schritt zur Beherrschung der Technologie ist. Durch die effektive Nutzung dieser Ressourcen können Sie alle Herausforderungen meistern und Ihre Microsoft-Erfahrung verbessern.

Kapitel 8
Ethische Überlegungen und verantwortungsvoller Umgang

Angesichts der Tatsache, dass Microsoft Copilot die Landschaft der Codierung weiter verändert, werden ständig wichtige Fragen zu seinen ethischen Auswirkungen und seiner verantwortungsvollen Nutzung aufgeworfen. Es ist notwendig, die möglichen Gefahren zu verstehen und sicherzustellen, dass dieses leistungsstarke Werkzeug auf ethische Weise verwendet wird. Es ist zwar unbestreitbar, dass es die Effizienz und Produktivität von Entwicklern verbessert, aber es erfordert, dass dies getan wird.

Es ist wichtig, sich solcher Vorurteile bewusst zu sein

Es gibt Bedenken hinsichtlich der möglichen Verzerrungen, die in den Daten vorhanden sein könnten, mit denen Copilot trainiert wird, da es mit einem riesigen Datensatz mit aktuellem Code trainiert wird. Eine Reihe verschiedener Möglichkeiten, wie sich diese Vorurteile darstellen können, umfassen die Aufrechterhaltung von

Geschlechter- oder Rassenstereotypen, falls die Trainingsdaten solche Vorurteile enthalten. Wenn Copilot Codevorschläge auf der Grundlage von verzerrten Daten macht, besteht die Möglichkeit, dass solche Verzerrungen versehentlich in das Programm aufgenommen werden, das so konzipiert ist, dass es funktioniert.

Maßnahmen zum Abbau von Vorurteilen:

Microsoft ergreift Maßnahmen, um diesem Risiko zu begegnen, indem es eine Vielzahl verschiedener Initiativen in die Tat umsetzt. Zunächst bemühen sie sich, den Umfang ihrer Trainingsdaten zu erweitern, indem sie Code von einer größeren Vielfalt von Autoren und Quellen einbeziehen. Darüber hinaus arbeiten sie an der Entwicklung von Algorithmen, die in der Lage sind, mögliche Verzerrungen in den Daten zu identifizieren und zu beseitigen. Für Entwickler ist es jedoch von entscheidender Bedeutung, wachsam zu sein und die Ideen von Copilot kritisch zu prüfen, sich aller Vorurteile bewusst zu sein und bei Bedarf aktiv nach alternativen Lösungen zu suchen.

Bekämpfung von Plagiaten:

Die Fähigkeit von Copilot, Code-Snippets zu erstellen, wirft Fragen zu möglichen Plagiaten auf.

Obwohl es Entwicklern helfen und nicht ersetzen soll, besteht die Gefahr, dass Verbraucher die Ideen von Copilot gedankenlos akzeptieren und integrieren, ohne sie gebührend anzuerkennen. Dies kann zu ethischen und rechtlichen Schwierigkeiten führen, insbesondere bei der Arbeit mit urheberrechtlich geschütztem Code.

Förderung eines verantwortungsvollen Umgangs:

Um eine angemessene Nutzung zu gewährleisten, sollten Entwickler:

Verstehen Sie die Herkunft eines jeden Codes, auch der von Copilot vorgeschlagenen.

Ordnen Sie alle Codeausschnitte aus anderen Quellen, einschließlich Copilot, entsprechend zu.

Behalten Sie ein kritisches Auge und studieren Sie die Ideen von Copilot, bevor Sie sie integrieren.

Nutzen Sie Copilot als Werkzeug, um ihre eigene Arbeit zu verbessern, nicht als Ersatz für ihre Programmiertalente und Kreativität.

Transparenz und offene Kommunikation:

Microsoft spielt eine große Rolle bei der Unterstützung einer verantwortungsvollen

Nutzung durch kontinuierliche Arbeit in drei Hauptbereichen:

Transparenz: Bereitstellung klarer und gründlicher Informationen über die Funktionsweise von Copilot, einschließlich seiner Grenzen und möglichen Verzerrungen.

Ausbildung: Bereitstellung von Lehrwerkzeugen und Tutorials, die Entwicklern helfen, den legalen und verantwortungsvollen Umgang mit Copilot zu erlernen.

Community-Engagement: Förderung einer offenen Kommunikation und des Engagements mit der Entwickler-Community, um Probleme zu lösen und Best Practices für eine ethische Copilot-Nutzung zu entwickeln.

Die Zukunft ethischer KI in der Codierung:

Die ethischen Fragen rund um Copilot unterstreichen das umfassendere Thema des verantwortungsvollen Einsatzes von künstlicher Intelligenz (KI) in zahlreichen Bereichen. Da KI-Technologien immer leistungsfähiger werden, ist es wichtig, strenge ethische Rahmenbedingungen und Best Practices zu schaffen, um sicherzustellen, dass ihre Entwicklung und ihr Einsatz den menschlichen Werten und Überzeugungen entsprechen. Indem wir mögliche Probleme verstehen und aktiv auf eine verantwortungsvolle Nutzung hinarbeiten, können wir die Leistungsfähigkeit von KI-Tools wie Copilot nutzen, um die Zukunft des Programmierens voranzutreiben, ohne auf Ethik oder Kreativität verzichten zu müssen.

Die Vorurteile und Grenzen von Copilot verstehen

Microsoft Copilot, der KI-gestützte Programmierhelfer, hat die Entwicklerwelt im Sturm erobert. Seine Fähigkeit, geeignete Code-Snippets und ganze Funktionen vorzuschlagen, hat sicherlich die Effizienz und Produktivität vieler Entwickler verbessert. Es ist jedoch wichtig zu beachten, dass Copilot, wie jedes KI-Tool, nicht ohne Einschränkungen und mögliche Vorurteile ist.

Die Quelle der Verzerrung: Trainingsdaten sind wichtig

Die Ideen von Copilot werden aus seinen Trainingsdaten generiert, einem riesigen

Repository mit vorhandenem Code. Während diese Daten wichtige Einblicke in die vorherrschenden Kodierungsgewohnheiten geben, spiegeln sie natürlich die in der realen Welt vorhandenen Vorurteile wider. Wenn die Trainingsdaten übermäßig auf bestimmte Bibliotheken, Frameworks oder Codierungsstile ausgerichtet sind, können die Empfehlungen von Copilot solche Techniken bevorzugen, wodurch die Palette der angebotenen Lösungen eingeschränkt wird. Wenn die Trainingsdaten historische Verzerrungen in Bereichen wie Geschlecht oder Rasse aufweisen, können diese Vorurteile langsam in die Empfehlungen von Copilot einfließen und ethische Probleme in Bezug auf Fairness und Repräsentation aufwerfen.

Verzerrung von Vorurteilen: Eine gemeinsame Anstrengung

Das Erkennen dieser möglichen Verzerrungen ist der erste Schritt, um ihren Einfluss zu verringern. Entwickler können eine kritische Linse verwenden, wenn sie die Ideen von Copilot überprüfen, alternative Wege untersuchen und sicherstellen, dass ihr Code ihren eigenen Überzeugungen und Zielen entspricht. Darüber hinaus könnte das Hinzufügen von vielfältigem und integrativem

Code zu öffentlichen Repositories dazu beitragen, die zukünftigen Trainingsdaten von Copilot zu gestalten und die Auswirkungen aktueller Verzerrungen schrittweise zu verringern. Offene Kommunikation und Zusammenarbeit zwischen Entwicklern und den Machern von Copilot sind entscheidend, um Vorurteile zu beseitigen und den ethischen Umgang mit dieser leistungsstarken Technologie zu gewährleisten.

Einschränkungen: Die Grenzen verstehen

Copilot zeichnet sich zwar dadurch aus, dass es Code-Snippets empfiehlt und regelmäßige Aufgaben ausführt, aber es ist wichtig, sich daran zu erinnern, dass es kein Ersatz für menschliches Urteilsvermögen und Können ist. Es kann weder die komplizierte Logik und das allgemeine Design eines Projekts verstehen, noch kann es den einzigartigen Kontext und die besonderen Bedürfnisse eines Entwicklungsvorhabens verstehen. Entwickler müssen die Kontrolle behalten und Copilot als Hilfsmittel zur Steigerung ihrer Produktivität nutzen, nicht als Ersatz für ihr kritisches Denken und ihre Problemlösungsfähigkeiten.

Jenseits des Kodex: Ethische Überlegungen

Die Möglichkeit von Verzerrungen und Einschränkungen geht über die technischen Komponenten von Copilot hinaus. Entwickler müssen sich der ethischen Konsequenzen der Verwendung von Copilot bewusst sein, insbesondere in Bezug auf:

Namensnennung: Wenn Sie den Rat von Copilot übernehmen, ist es notwendig, die Quelle korrekt anzugeben und zu überprüfen, ob der Code den aktuellen Lizenzbedingungen entspricht.

Plagiat: Während der Zweck von Copilot darin besteht, beim Codierungsprozess zu helfen, kann die einfache Übernahme seiner Ideen ohne ausreichendes Verständnis zu Plagiaten führen. Entwickler sollten Ideen immer gründlich studieren und ändern, um sicherzustellen, dass der endgültige Code ihren eigenen Kenntnissen und Bemühungen entspricht.

Transparenz und Erklärbarkeit: Das Verständnis der Logik hinter den Vorschlägen von Copilot kann Entwicklern helfen, fundierte Entscheidungen zu treffen und unerwünschte Effekte zu vermeiden. Während es schwierig ist, perfekte Transparenz in KI-Modellen zu erreichen, ist es für eine verantwortungsvolle Nutzung von entscheidender Bedeutung, klare Informationen über die Grenzen und möglichen Verzerrungen von Copilot zu erhalten.

Copilot bietet eine wesentliche Weiterentwicklung der Entwicklerhilfe und bietet wesentliche Unterstützung in Bezug auf Effizienz und Produktivität. Es ist jedoch wichtig, alle Vorurteile und Grenzen zu verstehen und anzugehen, um eine verantwortungsvolle und ethische Nutzung zu gewährleisten. Durch Wachsamkeit und die Teilnahme an offener Kommunikation können Entwickler die Vorteile von Copilot nutzen und gleichzeitig seine Einschränkungen begrenzen, um schließlich eine integrativere und erfinderischere Zukunft für die Softwareentwicklung zu fördern.

Best Practices für Code-Credits und Plagiatsvermeidung

Im Bereich der Softwareentwicklung, wo Zusammenarbeit und Kreativität gedeihen, sind die Sicherstellung einer angemessenen Code-Nennung und die Verhinderung von Plagiaten wichtige Bestandteile der Aufrechterhaltung ethischen und professionellen Verhaltens. Dies sichert nicht nur das geistige Eigentum der Originalproduzenten, sondern schafft auch Vertrauen und Offenheit in der gesamten Entwicklergemeinschaft.

Dieses Buch gibt Ihnen die grundlegenden Informationen und Methoden an die Hand, um sicherzustellen, dass Ihr Code den höchsten ethischen Standards entspricht.

Code-Attribution verstehen: Anerkennung geben, wo Ehre gebührt

Code-Attribution bezieht sich einfach auf den Prozess der Erkennung der Quelle eines Code-Snippets, einer Funktion oder eines ganzen Frameworks, das nicht Ihr eigenes Design ist. Dies kann Folgendes umfassen:

Open-Source-Bibliotheken und -Frameworks: Wenn Sie öffentlich zugänglichen Open-Source-Code in Ihrem Projekt verwenden, ist es wichtig, die genauen Lizenzbedingungen einzuhalten, die mit diesem Code verbunden sind. Dies bedeutet manchmal, dass Sie eine Kopie der Lizenz in Ihr Projekt integrieren und im Code selbst eine eindeutige Quellenangabe angeben, oft über Kommentare oder spezielle Abschnitte.

Code-Snippets aus Online-Ressourcen: Wenn Sie online verfügbare Code-Snippets verwenden, sei es aus Foren, Artikeln oder Dokumentationen, ist es wichtig, die Quelle zu erkennen und gegebenenfalls einen Link zur ursprünglichen Ressource anzugeben.

Beiträge der Kollegen: Die Arbeit in einem kollaborativen Umfeld erfordert manchmal die Integration von Code, der von Kollegen erstellt wurde. In vielen Fällen garantiert die Bereitstellung eindeutiger Kommentare innerhalb des Codes oder die Aufrechterhaltung eines Versionskontrollsystems, das die Urheberschaft aufzeichnet, eine korrekte Nennung.

Warum Attribution wichtig ist: Über die Legalität hinaus

Über die Einhaltung gesetzlicher Vorschriften hinaus ist eine genaue Codezuordnung aus verschiedenen Gründen von entscheidender Bedeutung:

Respekt vor geistigem Eigentum: Es schätzt die harte Arbeit und den Erfindungsreichtum des ursprünglichen Autors und fördert eine Kultur des Respekts in der gesamten Entwicklergemeinschaft.

Förderung von Zusammenarbeit und Transparenz: Das offene Eingeständnis von geliehenem Code hilft den Menschen, die Grundlage zu verstehen, auf der Ihr Projekt aufgebaut ist, und fördert Vertrauen und Zusammenarbeit.

Sicherstellen der Codequalität und Wartbarkeit: Durch die explizite Zuordnung ermöglichen Sie es anderen, die Quelle einzelner Codesegmente leicht zu verfolgen, was die Fehlerbehebung erleichtert und die Integrität des Codes im Laufe der Zeit bewahrt.

Plagiate vermeiden: Ethische Grenzen wahren

Während Anerkennung notwendig ist, ist es genauso wichtig, sich von Plagiaten fernzuhalten. Plagiate im Zusammenhang mit der Codierung umfassen das Kopieren oder die wesentliche Neuerstellung des Codes einer anderen Person ohne entsprechende Bestätigung, wobei er als Ihr eigener dargestellt wird. Dies verstößt nicht nur gegen ethische Gebote, sondern kann auch rechtliche Konsequenzen haben.

Hier sind einige wichtige Techniken, um Plagiate zu verhindern:

Verstehen Sie die Grenzen: Unterscheiden Sie klar zwischen der Verwendung von Code-Snippets mit entsprechender Quellenangabe und dem einfachen Kopieren von Code, ohne die Quelle zu erkennen.

Paraphrasieren Sie mit Vorsicht: Wenn Sie versuchen, die alte Codestruktur oder -logik neu zu formulieren, stellen Sie sicher, dass Sie eine angemessene Eindeutigkeit bewahren und vermeiden Sie es, die Funktionsweise des ursprünglichen Codes ohne größere Änderungen zu duplizieren.

Priorisieren Sie das Verständnis: Versuchen Sie stattdessen, nur Code zu duplizieren, die grundlegenden Ideen und Gründe dahinter zu verstehen. Auf diese Weise können Sie die Idee anpassen und in Ihr Projekt integrieren und dabei die Einzigartigkeit bewahren.

Nutzen Sie Ressourcen ethisch: Auch wenn Internetressourcen und Foren wichtige Werkzeuge sein können, denken Sie daran, sie verantwortungsbewusst zu nutzen. Vermeiden Sie es, Code ohne Quellenangabe direkt aus diesen Quellen zu kopieren, und suchen Sie aktiv nach Hilfe oder ändern Sie Begriffe, anstatt sie nur wörtlich zu wiederholen.

Aufrechterhaltung einer Kultur der Integrität: Aufbau von Vertrauen und Zusammenarbeit

Durch die Einhaltung verantwortungsvoller Standards für die Codezuordnung und die Vermeidung von Plagiaten tragen Sie zur Aufrechterhaltung einer gesunden und ethischen

Entwicklungsgemeinschaft bei. Dies schützt nicht nur geistiges Eigentum, sondern schafft auch Vertrauen, Transparenz und Zusammenarbeit innerhalb der Entwickler-Community. Denken Sie daran, dass Ihr Kodex Ihr Fachwissen und Ihr Engagement für ethisches Verhalten repräsentiert. Indem Sie diese Ideale respektieren, tragen Sie dazu bei, ein kollaboratives und erfinderischeres Umfeld für Entwickler weltweit zu schaffen.

Copilot ethisch und verantwortungsbewusst nutzen

Microsoft Copilot, die KI-gestützte Programmierunterstützung, hat die Welt der Softwareentwicklung verändert. Seine Fähigkeit, kontextuell relevante Code-Ideen zu liefern, hat die Effizienz und Produktivität von Entwicklern aller Ebenen sicherlich verbessert. Mit dem Aufkommen solch mächtiger Technologien geht jedoch die wesentliche Verpflichtung einher, sie ethisch und verantwortungsbewusst zu nutzen.

Verzerrungen und Einschränkungen verstehen

Es ist wichtig zu beachten, dass Copilot, wie jede KI-Technologie, nicht ohne Grenzen ist. Die Codeempfehlungen, die es gibt, hängen von der großen Menge an Code ab, mit der es trainiert wird, was möglicherweise bestehende Verzerrungen oder Grenzen widerspiegeln könnte, die diesen Daten innewohnen. Diese Vorurteile können auf vielfältige Weise auftreten, z. B. durch die Verstärkung geschlechtsspezifischer oder rassistischer Vorurteile, wenn die Trainingsdaten solche Vorurteile enthalten.

Daher ist es wichtig, sich dieser möglichen Grenzen bewusst zu sein und kritisches Denken zu verwenden, während Sie die Ideen von Copilot berücksichtigen. Akzeptieren Sie nicht blind alles, was es vorschlägt. Bewerten Sie die Vorschläge stattdessen im Kontext des Ziels Ihres Kodex und stellen Sie sicher, dass sie mit den ethischen Werten der Inklusion und Gerechtigkeit übereinstimmen.

Plagiatsbekämpfung: Namensnennung und Transparenz

Copilot lebt davon, aus bestehendem Code zu lernen, was Bedenken hinsichtlich möglicher Plagiate aufkommen lässt. Es ist wichtig zu beachten, dass die Vorschläge von Copilot keine vollständigen Antworten sind, sondern eher

Ausgangspunkte. Sie sollten niemals ohne entsprechende Quellenangabe direkt kopiert und in Ihren Code eingefügt werden.

Erkennen Sie immer die Quelle der Inspiration, insbesondere wenn ein großer Prozentsatz des Codes von Copilots Ideen stammt. Dies kann durch Kommentare in Ihrem Code, das Notieren der genauen verwendeten Eingabeaufforderungen oder das Bereitstellen von Links zu relevanten Websites erfolgen. Indem Sie Offenheit bewahren und Anerkennung leisten, wo Anerkennung gebührt, zeigen Sie einen verantwortungsvollen Umgang mit der Technologie und respektieren die ethischen Ideale der Autorenschaft.

Kontrolle behalten und Kreativität fördern

Copilot bietet zwar eine große Hilfe, aber es ist wichtig, sich daran zu erinnern, dass Sie als Entwickler die Kontrolle behalten. Verlassen Sie sich nicht vollständig auf seine Ideen. Nutzen Sie sie als Sprungbrett für Ihre eigene Kreativität und Ihr kritisches Denken. Analysieren Sie ihre Durchführbarkeit, verstehen Sie die Gründe dafür und passen Sie sie an Ihre persönlichen Programmierziele an.

Vermeiden Sie außerdem eine übermäßige Abhängigkeit von Copilot für einfache Codierungsaufgaben. Verfeinern Sie Ihre eigenen Fähigkeiten und Kenntnisse kontinuierlich durch Praxis und Selbststudium. Dies garantiert, dass Sie ein besseres Verständnis der Programmierkonzepte haben, sodass Sie fundierte Entscheidungen darüber treffen können, wann und wie Sie Copilot effizient einsetzen können.

Vorwärts: Eine kollaborative Zukunft für die Entwicklung

Copilot zeigt einen Paradigmenwechsel in der Welt des Programmierens an und bietet eine kollaborative Methode, bei der Entwickler und KI zusammenarbeiten. Durch den klugen Einsatz von Copilot können Sie seine Vorteile nutzen und gleichzeitig Fallstricke begrenzen. Denken Sie daran, dass ethische Fragen kein nachträglicher Gedanke sind; Sie sind ein wesentliches Element für den richtigen Einsatz dieses mächtigen Instruments.

Durch die verantwortungsvolle Nutzung von Copilot können wir eine Zukunft der kollaborativen Kreation fördern, in der Menschen und KI Hand in Hand arbeiten, um kreative und ethische Lösungen zu entwickeln, die allen zugute kommen.

Teil 4

Erweitern Sie Ihr Wissen und Ihre Fähigkeiten

Kapitel 9: Fallstudien und Erfolgsgeschichten

Microsoft Copilot, die KI-gestützte Programmierunterstützung, hat die Entwicklungsszene dramatisch verändert. Während seine technologischen Komponenten nach wie vor sehr neugierig sind, liegt der ultimative Beweis für seine Effizienz in den praktischen Vorteilen, die von realen Benutzern geliefert werden. Schauen wir uns faszinierende Fallstudien an, die zeigen, wie Copilot Entwickler in verschiedenen Bereichen unterstützt:

Fallstudie 1: Effizienzsteigerung in der Webentwicklung

Die Herausforderung: Sarah, eine Webentwicklerin mit fünf Jahren Erfahrung, verbrachte viel Zeit damit, wiederholten Boilerplate-Code für einfache Funktionen wie Benutzeranmeldeformulare und Datenvalidierung zu erstellen. Diese mühsame Arbeit beeinträchtigte nicht nur ihre Produktivität, sondern hemmte auch ihre Fähigkeit, sich auf die Besonderheiten und erfinderischen Merkmale der Webentwicklung zu konzentrieren.

Die Copilot-Lösung: Sarah hat Copilot in ihre Entwicklungsumgebung integriert. Durch die Bewertung des Kontexts ihres vorhandenen Codes begann Copilot, vorgefertigte und optimierte Code-Snippets für häufig verwendete Funktionen anzubieten. Dies ermöglichte es Sarah, alltägliche Aufgaben effizient zu erledigen, ohne die Qualität zu beeinträchtigen, und gab ihr wichtige Zeit und ihren mentalen Raum, um sich auf die grundlegende Logik und Benutzererfahrung der Website zu konzentrieren.

Das Ergebnis: Sarah bemerkte einen beträchtlichen Sprung in ihrem Entwicklungstempo und erledigte Aufgaben in viel kürzerer Zeit. Diese gesteigerte Effizienz ermöglichte es ihr, anspruchsvollere Aufgaben zu übernehmen und sich aktiver an Ideenfindungs- und Designdebatten zu beteiligen, was schließlich zur Einrichtung einer interessanteren und benutzerfreundlicheren Website führte.

Fallstudie 2: Überbrückung der Lücke für angehende Data Scientists

Die Herausforderung: Mark, ein frischgebackener Absolvent mit einer Vorliebe für Data Science, hatte Schwierigkeiten, fortschrittliche Datenanalysemethoden zu verstehen und anzuwenden. Während er die theoretischen Begriffe verstand, erwies es sich als schwierig, sie in tatsächlichen Code umzusetzen. Diese Lernkurve behinderte seine Fähigkeit, praktische Erfahrungen zu sammeln und sein Portfolio zu erweitern.

Die Copilot-Lösung: Mark hat Copilot in seinen Lernprozess einbezogen. Als er Code für Datenbereinigung, -manipulation und -analyse veröffentlichte, entwickelte Copilot relevante Ideen, die auf seinem Verständnis von Data-Science-Bibliotheken und gängigen Methoden basierten. Dies sparte ihm nicht nur Zeit bei der Suche nach Code-Schnipseln, sondern gab auch nützliche Einblicke in alternative Methoden und Best Practices.

Das Ergebnis: Mit der Unterstützung von Copilot konnte Mark anspruchsvollen Datenanalysecode mit mehr Sicherheit und Geschwindigkeit erstellen und ausführen. Dies ermöglichte es ihm, tiefer in komplexe Themen einzusteigen, mit zahlreichen Methoden zu experimentieren und eine solide Grundlage in der Datenwissenschaft zu schaffen. Darüber hinaus halfen ihm die Qualität und Effektivität seines Codes, seine erste professionelle Anstellung in der Datenwissenschaft zu finden.

Fallstudie 3: Förderung der Innovation in der Entwicklung von Unternehmenssoftware

Die Herausforderung: Ein großes Softwareentwicklungsteam bei einem Finanzinstitut stand unter dem anhaltenden Druck, neue Features und Funktionen anzubieten und gleichzeitig die Zuverlässigkeit und Sicherheit seiner Kernplattform zu wahren. Es erwies sich als schwierig, Kreativität mit Codequalität und der Einhaltung etablierter Praktiken in Einklang zu bringen.

Die Copilot-Lösung: Das Entwicklungsteam hat Copilot sorgfältig in seinen Prozess integriert. Copilot ersetzte zwar nicht den wichtigen menschlichen Aspekt der Codeüberprüfung und Qualitätssicherung, war aber ein hilfreiches Werkzeug, um effiziente Implementierungen zu empfehlen, mögliche Probleme zu erkennen und die Einhaltung von Codierungsstandards zu überprüfen. So konnten sich die Entwickler auf die kreativen Teile neuer Innovationen konzentrieren und sicher sein, dass der zugrunde liegende Code stabil und sicher blieb.

Das Ergebnis: Durch die Nutzung der Fähigkeiten von Copilot erzielte das Entwicklungsteam einen erheblichen Gewinn sowohl an Entwicklungsgeschwindigkeit als auch an Codequalität. Sie waren in der Lage, neue Funktionen schneller, mit weniger Fehlern und besserer Wartbarkeit anzubieten. Dies steigerte nicht nur die interne Produktivität, sondern steigerte auch die allgemeine Benutzererfahrung für die Kunden des Finanzinstituts.

Diese Fallstudien verdeutlichen die verschiedenen Möglichkeiten, wie Copilot Entwickler auf verschiedenen Qualifikationsstufen und in verschiedenen Disziplinen unterstützt. Von der Reduzierung des täglichen Betriebs über die Förderung des Lernens bis hin zur Förderung der Kreativität dient Copilot als entscheidendes Werkzeug zur Steigerung der Fähigkeiten und der Effizienz des modernen Entwicklers.

Untersuchen von Beispielen aus der Praxis, wie Entwickler Copilot nutzen

Microsoft Copilot hat sich schnell zu einem Game-Changer für Entwickler aller Ebenen entwickelt. Diese revolutionäre KI-Technologie fungiert als Codierungsassistent, der Ratschläge gibt und sich wiederholende Aufgaben automatisiert, um den Entwicklungsprozess zu beschleunigen. Aber wie nutzen Entwickler Copilot wirklich in der realen Welt? Lassen Sie uns einige tatsächliche Instanzen in verschiedenen Codeszenarien untersuchen:

1. Beschleunigung der Webentwicklung:

Frontend-Ingenieure verbringen in der Regel viel Zeit mit dem Schreiben von HTML-, CSS- und JavaScript-Code. Copilot zeichnet sich in diesem Bereich aus, indem es Empfehlungen für

Vervollständigung gängiger HTML-Elemente und -Attribute: Von grundlegenden Strukturen wie "<div>"- und "<p>"-Tags bis hin zu komplizierteren Komponenten wie Formularen und Navigationsleisten kann Copilot Entwicklern helfen, die benötigten UI-Elemente schnell zu entwerfen.

Generieren von CSS-Stilen: Unabhängig davon, ob Sie ein einfaches Styling für Textkomponenten oder kompliziertere Layouts benötigen, kann Copilot anwendbare CSS-Eigenschaften und -

Werte empfehlen, sodass Sie Zeit beim Schreiben von wiederholtem Code sparen.

Automatisierung sich wiederholender JavaScript-Aufgaben: Aufgaben wie DOM-Manipulation, Ereignisbehandlung und AJAX-Anfragen können mit den Empfehlungsfunktionen von Copilot vereinfacht werden.

2. Urheberrecht Rationalisierung von Datenanalyseaufgaben:

Datenanalysten und Wissenschaftler beschäftigen sich häufig mit komplizierten Bibliotheken und Frameworks wie Pandas und NumPy von Python. Copilot kann in diesem Bereich wichtige Unterstützung leisten, indem es:

Vervollständigen von Datenmanipulationsfunktionen: Vom Filtern und Sortieren von Daten bis hin zur Durchführung von Berechnungen und Transformationen kann Copilot anwendbare Funktionen und Syntax empfehlen, die für die verwendeten Bibliotheken spezifisch sind.

Generieren von Code für die Datenvisualisierung: Beim Erstellen von Diagrammen und Grafiken mit Bibliotheken wie Matplotlib oder Seaborn kann Copilot Code-Snippets empfehlen, um bestimmte

Diagrammtypen abhängig von den Daten und der beabsichtigten Anzeige zu erstellen.

Automatisieren von Datenbereinigungsaufgaben: Das Bereinigen und Verarbeiten von fehlerhaften Datensätzen umfasst manchmal wiederholte Prozesse. Copilot kann Code empfehlen, um fehlende Werte, Datentypkonvertierungen und andere typische Bereinigungsaktivitäten zu behandeln.

3. Urheberrecht Vereinfachung der Entwicklung mobiler Apps:

Unabhängig davon, ob Sie native Apps oder plattformübergreifende Anwendungen mit Frameworks wie React Native oder Flutter erstellen, kann Copilot ein erheblicher Vorteil sein:

Vervollständigen von UI-Komponenten für mobile Apps: Ähnlich wie bei der Webentwicklung kann Copilot Code zum Erstellen allgemeiner UI-Elemente empfehlen, die für mobile App-Frameworks einzigartig sind.

Generieren von Code für gerätespezifische Funktionen: Aufgaben wie der Zugriff auf Sensoren, die Steuerung von Benutzergesten und die Regulierung der Geräteausrichtung können durch die Fähigkeit von Copilot, geeignete Code-Snippets bereitzustellen, erleichtert werden.

Automatisierung der Benutzeroberflächenlogik: Die Implementierung von Benutzerinteraktionen innerhalb der App, wie z. B. Schaltflächenklicks und Formularübermittlungen, kann mit den Code-Vervollständigungstools von Copilot beschleunigt werden.

4. Verbesserung der API-Integration:

Die Integration externer APIs in Ihr Programm erfordert in der Regel komplizierten Code für die Authentifizierung, Datenerfassung und Fehlerbehandlung. Copilot erweist sich als vorteilhaft durch:

Code für API-Aufrufe vorschlagen: Basierend auf der Ziel-API und der erforderlichen Funktionalität kann Copilot Code-Snippets zum Initiieren von HTTP-Anfragen, zum Verwalten verschiedener Antwortformate und zum Parsen von Daten empfehlen.

Automatisierung der Fehlerbehandlung: Die Implementierung solider Fehlerbehandlungsmethoden kann mühsam sein. Copilot kann Code empfehlen, um wahrscheinliche

Probleme während API-Interaktionen zu behandeln und Ihren Code haltbarer zu machen.

Generieren von Dokumentation für API-Aufrufe: Bei der Integration von APIs kann die Erstellung von Dokumentation für Ihren eigenen Code von entscheidender Bedeutung sein. Copilot kann je nach den von Ihnen verwendeten API-Aufrufen Kommentare und Erklärungen vorschlagen, um die Lesbarkeit und Wartbarkeit des Codes zu verbessern.

5. Steigerung der Gesamtentwicklungseffizienz:

Über bestimmte Fälle hinaus bietet Copilot generische Vorteile, die für zahlreiche Entwicklungsszenarien gelten:

Automatisierung von Boilerplate-Code: Sich wiederholende Arbeiten wie das Erstellen grundlegender Funktionsstrukturen, Variablendeklarationen und typischer Codemuster können mithilfe der Empfehlungen von Copilot automatisiert werden, sodass Sie Zeit für wichtigere Aufgaben haben.

Vorschlagen von Komponententests: Während Sie Code schreiben, empfiehlt Copilot möglicherweise geeignete Codeausschnitte zum Erstellen von

Komponententests, um die Qualität und Zuverlässigkeit Ihrer Arbeit sicherzustellen.

Bereitstellen von Codestil- und Formatierungsvorschlägen: Es kann schwierig sein, einen konsistenten Codierungsstil beizubehalten. Copilot kann helfen, indem es Codeformatierungs- und Stilverbesserungen empfiehlt, abhängig von den von Ihnen ausgewählten Codierungsstandards.

Dieser Einblick in reale Anwendungen unterstreicht die Anpassungsfähigkeit und das Versprechen von Copilot. Während Entwickler ihr Potenzial weiter erforschen, können wir in Zukunft noch mehr neuartige Anwendungsfälle und Durchbrüche in der Programmierhilfe erwarten.

Lernen Sie von Best Practices und erreichen Sie bestimmte Ziele mit Copilot

Microsoft Copilot hat sich zu einem Game-Changer für Entwickler entwickelt und bietet einen KI-gestützten Assistenten, der Prozesse vereinfacht und es ihnen ermöglicht, ihre Programmierziele zu erreichen. Aber über die anfängliche Begeisterung hinaus erfordert die Ausschöpfung des vollen Potenzials von Copilot das Wissen, wie bewährte Praktiken genutzt und für bestimmte Zwecke personalisiert werden können. Dieses detaillierte Tutorial befasst sich mit diesen wichtigsten Funktionen, mit denen Sie den tatsächlichen Wert von Copilot entfesseln und Ihr Programmierabenteuer steigern können.

Von den Meistern lernen: Best Practices annehmen

Die Entwicklung von Kompetenz in jedem Fach beinhaltet das Lernen von denen, die erfolgreich sind. Der gleiche Gedanke gilt für den effizienten Einsatz von Copilot. Hier sind die wichtigsten Verhaltensweisen, die von erfolgreichen Benutzern befolgt werden:

Erstellen Sie klare und prägnante Aufforderungen: Der Grundstein für hervorragende Copilot-Empfehlungen hängt davon ab, klare und eindeutige Hinweise zu liefern. Dies impliziert, dass die erwartete Funktionalität oder das Codeverhalten unter Verwendung der richtigen Sprache und geeigneter Begriffe richtig ausgedrückt wird. Je expliziter Ihre Anfrage ist, desto gezielter und vorteilhafter werden die Empfehlungen von Copilot sein.

Begrüßen Sie das Experimentieren: Haben Sie keine Angst, mit neuen Aufforderungen und Techniken zu experimentieren. Beobachten Sie, wie Copilot auf Unterschiede in der Art und Weise reagiert, wie Sie Ihre Anfragen äußern. Dieses Experimentieren hilft Ihnen, Ihren Kommunikationsstil mit Copilot zu erforschen und zu verbessern, was zu erfolgreicheren Gesprächen führt.

Aktiv überprüfen und verfeinern: Die Ideen von Copilot sind ein Ausgangspunkt, kein fertiges Ergebnis.

Analysieren Sie den vorgeschlagenen Code immer kritisch und stellen Sie sicher, dass er Ihren Codierungsstandards, Best Practices und allgemeinen Projektanforderungen entspricht. Zögern Sie nicht, Vorschläge zu ändern oder abzulehnen, die nicht Ihren Erwartungen entsprechen.

Kontinuierliches Lernen: Die Welt der Technologie wächst ständig, und die Fähigkeiten von Copilot sind da keine Ausnahme. Informieren Sie sich aktiv über neue Funktionen, Upgrades und Best Practices rund um Copilot. Dieses ständige Lernen garantiert, dass Sie das volle Potenzial des

Tools nutzen können, während es sich entwickelt und verbessert.

Copilot auf Ihre Ziele zuschneiden: Spezifische Ziele erreichen

Die Anpassungsfähigkeit von Copilot ermöglicht es ihm, sich an unterschiedliche Entwicklungsziele anzupassen. So maximieren Sie die Nutzung für verschiedene Zwecke:

Steigerung der Produktivität: Nutzen Sie Copilot für Aktivitäten wie die Automatisierung sich wiederholender Codeblöcke, die Erstellung von Boilerplate-Code und die Empfehlung relevanter Funktionsdefinitionen. Dadurch können Sie Ihre mentalen Ressourcen auf die kreativeren und strategischeren Bereiche des Programmierens konzentrieren und so Ihren Wachstumsprozess beschleunigen.

Verbesserung der Codequalität: Copilot kann dabei helfen, mögliche Probleme zu erkennen und alternative Techniken zu empfehlen, die den besten Standards entsprechen. Die Fähigkeit, Ihren Codierungsstil und Ihre Präferenzen zu erlernen, stellt außerdem sicher, dass der produzierte Code Ihren Codierungsstandards entspricht, was zu saubereren, besser wartbaren Projekten führt.

Erweiterung der Wissensdatenbank: Die Arbeit mit Copilot macht Sie mit neuen Codierungsstilen und Problemlösungsansätzen vertraut. Diese kontinuierliche Exposition kann Ihre Wissensbasis erweitern und Ihre allgemeinen Programmierfähigkeiten verbessern, was langfristiges Wachstum und Entwicklung unterstützt.

Neue Ideen entfachen: Manchmal stammen die einfallsreichsten Antworten aus unerwarteten Quellen. Copilots Kommentare sind zwar nicht unbedingt die ultimative Antwort, können aber als Plattform für neue Ideen und Methoden dienen. Nehmen Sie das Unerwartete an und nutzen Sie die Vorschläge von Copilot als Sprungbrett für innovative Problemlösungen.

Indem Sie diese Best Practices implementieren und Copilot an Ihre individuellen Ziele anpassen, können Sie es von einem nützlichen Tool in einen starken Verbündeten auf Ihrem Entwicklungspfad verwandeln. Denken Sie daran, dass Copilot existiert, um Ihre Talente zu ergänzen, nicht um sie zu ersetzen. Indem Sie aktiv mit dem Tool interagieren, Ihre Eingabeaufforderungen verbessern und kontinuierlich lernen, können Sie seine Möglichkeiten nutzen, um ein effizienterer, produktiverer und erfinderischerer Entwickler zu werden.

Kapitel 10
Mit Copilot auf dem Laufenden bleiben

In der sich ständig weiterentwickelnden Welt der Technologie ist es sowohl für Menschen als auch für Unternehmen von entscheidender Bedeutung, mit den neuesten Innovationen Schritt zu halten. Dies gilt auch für Microsoft Copilot, ein ausgeklügeltes KI-Tool, das Ingenieure bei der Entwicklung von effizientem und gut strukturiertem Code unterstützen soll. Da Copilot seine Fähigkeiten kontinuierlich verbessert und verfeinert, ist es entscheidend, über diese Upgrades auf dem Laufenden zu bleiben, um seine Vorteile zu maximieren.

Hier ist eine vollständige Anleitung, wie Sie mit Copilot auf dem Laufenden bleiben können:

1. Nutzen Sie offizielle Ressourcen:

Microsoft bietet eine Reihe von Materialien an, um die Leute über die Entwicklung von Copilot auf dem Laufenden zu halten. Zu diesen Ressourcen gehören:

Microsoft 365 Message Center: Dieser In-App-Kommunikationskanal bietet Benachrichtigungen über Featureupgrades, Fehlerbehebungen und wichtige Ankündigungen direkt in Ihrer Microsoft 365 Umgebung.

Microsoft Copilot-Dokumentation: Diese Onlineressource enthält ausführliche Informationen zu den Features, Funktionen und bewährten Methoden von Copilot. Es wird regelmäßig aktualisiert, um Änderungen oder Ergänzungen des Tools widerzuspiegeln.

Microsoft-Blog: Der offizielle Microsoft-Blog veröffentlicht häufig Artikel und Blogs, die sich mit den neuesten Verbesserungen, Anwendungsfällen und zukünftigen Anwendungen von Copilot befassen.

2. Nutzen Sie die Kraft der Gemeinschaft:

Die Microsoft-Entwicklercommunity spielt eine entscheidende Rolle bei der Förderung des

Wissensaustauschs und der Aktualisierung des Wachstums von Copilot. Hier sind einige Methoden, um diese wichtige Ressource zu nutzen:

Microsoft Q&A-Forum: Diese Plattform ermöglicht es Benutzern, Fragen zu stellen, Erfahrungen auszutauschen und an Themen im Zusammenhang mit Copilot teilzunehmen. Es bietet die Möglichkeit, von anderen Entwicklern zu lernen und neue Methoden zum Einsatz der Technologie zu finden.

GitHub-Probleme: Das Copilot-Repository auf GitHub ermöglicht es Benutzern, Fehler zu melden, Verbesserungen anzubieten und den Fortschritt aktiver Entwicklungsaktivitäten zu verfolgen. Dies gibt entscheidende Einblicke in die zukünftige Ausrichtung von Copilot und möglicherweise bevorstehende Entwicklungen.

Soziale Medien: Wenn Sie Microsoft und relevanten Entwicklern auf Social-Media-Kanälen wie Twitter und LinkedIn folgen, bleiben Sie über die neuesten Entwicklungen, Neuigkeiten und Gespräche rund um Copilot auf dem Laufenden.

3. Erkunden Sie Ressourcen von Drittanbietern:

Über die offiziellen Kanäle hinaus können verschiedene alternative Websites Ihr Bewusstsein für die kontinuierliche Entwicklung von Copilot ergänzen. Dazu gehören:

Technologie-Blogs und -Magazine: Viele anerkannte Magazine und Technologie-Blogs enthalten routinemäßig Berichte über Copilot-Upgrades, Benutzererfahrungen und Expertenperspektiven. Diese können wichtige Ansichten und Einsichten liefern.

Online-Entwicklerkurse und Tutorials: Mehrere Online-Plattformen bieten Kurse und Tutorials an, die sich speziell auf den erfolgreichen Einsatz von Copilot konzentrieren. Diese können Ihnen bei der Nutzung der erweiterten Funktionen von Copilot und der Verbesserung Ihres Workflows helfen.

Branchenveranstaltungen und Konferenzen: Die Teilnahme an relevanten Branchenveranstaltungen und Konferenzen bietet die Möglichkeit, Experten über den Entwicklungsplan von Copilot sprechen zu hören, Gespräche mit anderen Benutzern zu führen und neue Wege zu finden, das Tool einzusetzen.

Durch die aktive Interaktion mit diesen Ressourcen können Sie sich über die sich ständig weiterentwickelnde Umgebung von Copilot auf dem Laufenden halten und sicherstellen, dass Sie das volle Potenzial ausschöpfen und in der sich verändernden Welt der Softwareentwicklung wettbewerbsfähig bleiben. Denken Sie daran, dass das Ziel darin besteht, proaktiv nach Informationen zu suchen und sich mit der Copilot-Community zu verbinden, damit Sie kontinuierlich von den neuesten Verbesserungen und Innovationen profitieren können.

Zugriff auf neue Funktionen und Upgrades

In der heutigen schnell wachsenden technischen Umgebung ist es wichtig, über die neuesten Innovationen auf dem Laufenden zu bleiben, um das Potenzial eines jeden Instruments zu maximieren, insbesondere im dynamischen Bereich der Softwareentwicklung. Microsoft Copilot, Ihr KI-Programmierhelfer, ist da keine Ausnahme. Glücklicherweise ist der Erwerb neuer Funktionen und Upgrades in Copilot ein schneller und schneller Vorgang.

Grundlegendes zum Update-Zyklus

Microsoft bietet monatliche Updates für Copilot an, einschließlich neuer Funktionen, Fehlerbehebungen und Leistungsoptimierungen. Diese Updates folgen oft einem vorgegebenen Zeitplan, wobei große Releases in regelmäßigen Abständen erscheinen, ergänzt durch kleinere, häufigere Patches, die bestimmte Probleme lösen.

Mehrere Möglichkeiten für Updates

Es gibt zahlreiche Methoden, um sicherzustellen, dass Sie von den neuesten Verbesserungen in Copilot profitieren:

Automatische Updates: Der einfachste Ansatz besteht darin, automatische Updates in Ihrer Entwicklungsumgebung (IDE) oder Anwendung zu aktivieren, in der Copilot integriert ist. Dies bietet einfachen Zugriff auf die neuesten Funktionen und Fehlerbehebungen ohne Eingriffe.

Manuelle Updates: Wenn Sie den Update-Prozess verwalten möchten, können Sie manuell in Ihrer Entwicklungsumgebung oder in den Anwendungseinstellungen nach Updates suchen. Auf diese Weise können Sie auswählen, wann Updates angewendet werden sollen, was von Vorteil sein kann, wenn Sie an einem größeren Projekt arbeiten und Stabilität wünschen.

Auf dem Laufenden bleiben: Microsoft bietet verschiedene Möglichkeiten, um Sie über Copilot-Änderungen auf dem Laufenden zu halten. Sie können den offiziellen Microsoft Copilot-Blog abonnieren, den Social-Media-Kanälen folgen oder die spezielle Copilot-Dokumentationswebsite besuchen, um ausführliche Informationen zu neuen Funktionen und Problempatches zu erhalten.

Über Updates hinaus: Erkunden erweiterter Ressourcen

Während Updates eine wichtige Rolle bei der Gewährleistung einer idealen Copilot-Erfahrung spielen, bietet Microsoft zusätzliche Tools, um Ihr Wissen und Ihre Verwendung des Tools zu erweitern:

Online-Dokumentation: Die umfangreiche Copilot-Dokumentation enthält ausführliche Beschreibungen von Merkmalen, Funktionen und Best Practices. Dieses Material eignet sich hervorragend, um die Fähigkeiten von Copilot besser zu verstehen und sein volles Potenzial auszuschöpfen.

Community-Foren und Benutzergruppen: Die Interaktion mit der aktiven Copilot-Community über Online-Foren und Benutzergruppen kann unerlässlich sein. Hier können Sie mit anderen Benutzern interagieren, Erfahrungen austauschen, Schwierigkeiten lösen und nützliche Tipps und Techniken von anderen Entwicklern erhalten, die die Kunst des Einsatzes von Copilot perfektioniert haben.

Die Vorteile, auf dem Laufenden zu bleiben

Wenn Sie Ihren Copilot auf dem neuesten Stand halten, haben Sie verschiedene Vorteile:

Erweiterte Funktionalität: Neue Funktionen, die durch Upgrades hinzugefügt werden, können die Fähigkeiten von Copilot erheblich verbessern, sodass Sie Aufgaben effektiver ausführen und neue Möglichkeiten in Ihren Programmierprojekten erkunden können.

Verbesserte Leistung: Updates bieten in der Regel Leistungsverbesserungen und beheben verschiedene Probleme und Fehlfunktionen, die Ihren Betrieb beeinträchtigen könnten. Dies fördert eine reibungslosere und effizientere Codierungserfahrung.

Sicherheit und Stabilität: Regelmäßige Updates beheben häufig Sicherheitslücken und bieten eine hervorragende Softwarestabilität, wodurch die

Wahrscheinlichkeit unerwarteter Unterbrechungen Ihrer Codierungsaufgaben verringert wird.

Indem Sie ständig nach Updates suchen, sich an der Community beteiligen und zugängliche Ressourcen erkunden, können Sie sicherstellen, dass Ihr Copilot an der Spitze der KI-gestützten Programmierrevolution bleibt. Denken Sie daran, dass es kein einmaliges Ereignis ist, auf dem Laufenden zu bleiben. Es ist ein fortlaufender Prozess, der es Ihnen ermöglicht, konsequent zu lernen, sich anzupassen und das volle Potenzial dieser bahnbrechenden Programmierunterstützung aufzudecken.

Erkunden erweiterter Ressourcen und Lernmaterialien von Microsoft

Microsoft, ein Gigant im Softwaresektor, ist nicht nur ein Hersteller von Tools; Es ist auch ein engagierter Anbieter umfassender Lernressourcen und -materialien. Egal, ob Sie ein erfahrener Entwickler sind oder gerade erst Ihre Programmierreise beginnen, Microsoft bietet eine umfassende Sammlung von Tools, die Sie mit dem Wissen und der Erfahrung ausstatten, die Sie benötigen, um die sich ständig weiterentwickelnde Welt der Technologie zu meistern.

Offizielle Dokumentation:

Der Eckpfeiler der Lernmaterialien von Microsoft ist die umfassende offizielle Dokumentation. Diese reichhaltige Materialmine umfasst eine Vielzahl von Themen, von grundlegenden Programmiersprachen wie C# und Java bis hin zu bestimmten Frameworks wie .NET und Azure. Diese präzise vorbereiteten Anweisungen werden von Microsoft-Entwicklern und -Experten verfasst, um Genauigkeit und Einhaltung der aktuellen Best Practices zu gewährleisten.

Diese Publikationen sind benutzerfreundlich gestaltet und bieten klare Erklärungen, Codebeispiele und Schritt-für-Schritt-Anleitungen. Darüber hinaus pflegt und aktualisiert Microsoft kontinuierlich seine Dokumentation, um sicherzustellen, dass Sie Zugriff auf das neueste Wissen haben, das für die Relevanz in der schnelllebigen Welt der Technologie unerlässlich ist.

Microsoft Learn:

Ergänzt wird die offizielle Dokumentation durch Microsoft Learn, eine ausgeklügelte Online-Plattform, die eine Fülle von interaktiven Lernmodulen und Kursen bietet. Diese Plattform ist für alle Lernstile geeignet und kombiniert eine Kombination aus Text, Videounterricht und praktischen Laboren.

Microsoft Learn bietet eine vielfältige Auswahl an Kursen, die alle Qualifikationsstufen und Fachgebiete abdecken. Von Anfängerkursen zu grundlegenden Programmierprinzipien bis hin zu ausführlichen Modulen zu fortgeschrittenen Themen wie künstlicher Intelligenz und maschinellem Lernen bietet Microsoft Learn eine vollständige Lernroute für alle Entwickler, unabhängig von ihrem Erfahrungsstand.

Die Software kombiniert auch Gamification-Komponenten wie Abzeichen und Punkte, um Benutzer zu inspirieren und ihren Fortschritt zu messen, was das Lernen zu einer unterhaltsamen und lohnenden Erfahrung macht.

Microsoft Virtuelle Workshops:

Für Einzelpersonen, die eine immersivere und interaktivere Lernerfahrung wünschen, bietet Microsoft eine Auswahl an virtuellen Kursen. Diese Seminare, die von Branchenexperten präsentiert werden, bieten eine eingehende Untersuchung bestimmter Themen und Rahmenbedingungen. Sie kombinieren oft Live-

Demonstrationen, interaktive Sitzungen und Q&A-Möglichkeiten, die es den Teilnehmern ermöglichen, Fragen zu äußern und in Echtzeit Erklärungen von erfahrenen Spezialisten zu erhalten.

Microsoft-Dokumentationscommunity:

Microsoft erkennt an, dass die Entwicklercommunity ein florierendes Ökosystem ist, in dem Wissen und Fähigkeiten durch Zusammenarbeit gedeihen. Um diese Diskussion zu erleichtern, hat Microsoft die offizielle Dokumentationscommunity entwickelt. Dieses Onlineforum bietet Entwicklern die Möglichkeit, sich zu vernetzen, ihr Fachwissen auszutauschen, Fragen zu stellen und Feedback zur Dokumentation und den Lehrressourcen von Microsoft zu geben.

Durch die aktive Beteiligung an dieser Community können Entwickler nicht nur nach Antworten auf ihre individuellen Probleme suchen, sondern auch wichtige Erkenntnisse von ihren Kollegen gewinnen und zur aggregierten Wissensbasis der Entwickler-Community beitragen

Über offizielle Ressourcen hinaus:

Während die offiziellen Ressourcen von Microsoft hilfreich sind, geht die Lernumgebung über ihre Angebote hinaus. Die Organisation unterstützt und interagiert aktiv mit einem großen Netzwerk anderer Lernplattformen und Gemeinschaften. Diese Plattformen bieten eine Vielzahl von ergänzenden Materialien wie Videolektionen, Blogeinträge und Online-Programmierherausforderungen, die die Lernerfahrung für Entwickler weiter erweitern.

Microsofts Engagement für die Entwicklerausbildung zeigt sich in seiner breiten und umfangreichen Lernumgebung. Durch die Nutzung der von Microsoft und der größeren Entwicklergemeinschaft verfügbaren Tools können sich Menschen aller Qualifikationsstufen mit dem Wissen und der Erfahrung ausstatten, die für den Erfolg in der sich ständig weiterentwickelnden Welt der Technologie unerlässlich sind. Denken Sie daran, dass der Lernprozess konstant ist und Microsoft die Tools bietet, um Sie auf eine erfolgreiche und zufriedenstellende Karriere als Entwickler vorzubereiten.

Interaktion mit der Copilot-Community und den Foren

Microsoft Copilot ist zu einem nützlichen Tool für Entwickler aller Ebenen geworden, aber sein tatsächliches Potenzial geht über die individuelle Nutzung hinaus. Die Interaktion mit der größeren Copilot-Community und den Foren bietet eine Fülle von Informationen, Möglichkeiten der Zusammenarbeit und kontinuierlichen Support, wodurch Ihre Programmiererfahrung weiter erweitert wird.

Vorteile des Beitritts zur Copilot-Community:

Schärfen Sie Ihre Fähigkeiten: Tauchen Sie ein in eine florierende Community von Entwicklern, die Copilot aktiv nutzen und lernen. Beteiligen Sie sich an Gesprächen, teilen Sie Ihre Erfahrungen und lernen Sie von den Erfolgen und Kämpfen anderer. Dieses gebündelte Fachwissen kann Ihre Lernkurve beschleunigen und Ihnen helfen, fortgeschrittene Copilot-Fähigkeiten zu beherrschen.

Problemlösungskraft: Stecken Sie an einer Programmierhürde fest? Die Copilot-Community ist häufig Ihre beste Chance, Antworten zu finden.

Lassen Sie sich von erfahrenen Mitgliedern beraten, die hilfreiche Einblicke geben, praktikable Lösungen vorschlagen und Sie durch bestimmte Code-Herausforderungen im Zusammenhang mit Copilot führen können.

Bleiben Sie auf dem Laufenden: Die Entwicklerszene verändert sich ständig, und Copilot ist da keine Ausnahme. Die Interaktion mit Foren hilft Ihnen, über die neuesten Änderungen, Verbesserungen und möglichen Einschränkungen der Anwendung auf dem Laufenden zu bleiben. Dies garantiert, dass Sie Copilot ständig mit maximaler Kapazität einsetzen und seine Vorteile maximieren.

Networking-Möglichkeiten: Der Aufbau von Kontakten innerhalb der Copilot-Community kann sehr lukrativ sein. Verbinden Sie sich mit anderen Entwicklern, die Ihre Interessen teilen, arbeiten Sie an Projekten zusammen und bauen Sie vielleicht langfristige professionelle Partnerschaften auf, die über die Copilot-Plattform hinausgehen.

Navigieren in der Copilot-Community:

Das richtige Forum finden: Erkunden Sie zahlreiche Online-Communities, die sich Copilot widmen, wie z. B. das offizielle Microsoft Power

Platform Community-Forum oder unabhängige Entwicklerforen. Wählen Sie Plattformen, die Ihrem Lernstil und Ihrem bevorzugten Gesprächsformat entsprechen.

Effektive Anfragen stellen: Wenn Sie um Beratung bitten, bereiten Sie klare und prägnante Anfragen vor, die den entscheidenden Kontext enthalten. Fügen Sie relevante Codefragmente, Fehlermeldungen (falls zutreffend) und Ihre Bemühungen zur Behebung des Problems hinzu. Dies hilft den Community-Mitgliedern, genauere und relevantere Unterstützung zu leisten.

Beitrag zur Community: Wenn Sie Erfahrungen mit Copilot sammeln, sollten Sie Ihr Fachwissen und Ihre Ideen mit anderen teilen. Beantworten Sie Fragen, geben Sie nützliche Tipps oder erstellen Sie sogar Kurse oder Materialien, um sie der allgemeinen Wissensdatenbank hinzuzufügen. Indem Sie etwas zurückgeben, bauen Sie die Gemeinschaft auf und fördern eine kollaborative Atmosphäre.

Teilnahme an Diskussionen:

höfliche Kommunikation: Behalten Sie in Ihren Diskussionen einen professionellen und höflichen

Ton bei und respektieren Sie die unterschiedlichen Hintergründe und Erfahrungen innerhalb der Gemeinschaft.

Aktive Teilnahme: Beteiligen Sie sich an kontinuierlichen Gesprächen, geben Sie aufschlussreiche Kommentare ab und üben Sie bei Bedarf konstruktive Kritik. Dieses aktive Engagement führt zu einer dynamischen und informierten Gemeinschaftsatmosphäre.

Jenseits von Foren:

Beschränken Sie Ihre Community-Interaktion nicht auf Online-Foren. Entdecken Sie zusätzliche Routen wie:

Social-Media-Gruppen: Suchen Sie auf Social-Media-Sites wie LinkedIn oder Twitter nach Copilot-fokussierten Gruppen. Diese können eine bestimmte Form des Engagements vermitteln und Gespräche in Echtzeit anregen.

Veranstaltungen und Konferenzen: Nehmen Sie an Branchenveranstaltungen oder Konferenzen teil, die Copilot-Sitzungen oder -Seminare anbieten. Dies bietet die Möglichkeit für persönliche Treffen, Networking und Lernen von Branchenführern.

Durch die aktive Interaktion mit der Copilot-Community und den Foren haben Sie Zugang zu einem großen Netzwerk an Unterstützung, Informationen und Kooperationen. Dies erhöht nicht nur Ihre eigene Programmiererfahrung, sondern trägt auch zum allgemeinen Wachstum und zur Entwicklung des Copilot-Ökosystems bei.

Schlussfolgerung

Wenn Sie die letzten Worte dieses Buches erreicht haben, haben Sie im Idealfall ein vollständiges Verständnis von Microsoft Copilot und seinem Potenzial zur Änderung Ihrer Entwicklungsmethode erhalten. Egal, ob Sie ein erfahrener Entwickler sind, der versucht, Ihren Workflow zu optimieren, oder ein Anfänger, der bereit ist, sein Programmierabenteuer fortzusetzen, Copilot ist ein wichtiger Verbündeter in diesem sich ständig weiterentwickelnden Sektor. Denken Sie daran, dass Copilot kein Zauberstab ist, der fehlerfreien Code für Sie erstellt. Es ist ein starkes Tool, das, wenn es gut eingesetzt wird, Ihre Produktivität steigern, die Codequalität verbessern und Innovationen anregen kann. Der Schlüssel liegt darin, seine Stärken und Grenzen zu kennen, es an die persönlichen Bedürfnisse anzupassen und kontinuierlich aus den Erfahrungen anderer zu lernen.

Da sich die Welt der Softwareentwicklung weiter verändert, wird sich auch Copilot verändern. Wenn Sie mit der florierenden Community in Verbindung bleiben, neue Funktionen erlernen und aktiv zur Wissensdatenbank beitragen, bleiben Sie garantiert an der Spitze dieser erstaunlichen Technologie. Bevor wir uns trennen, möchten wir uns herzlich dafür bedanken, dass Sie sich die Zeit genommen haben, dieses Buch zu prüfen. Ihr Engagement, zu lernen und in Ihre Programmierfähigkeiten zu investieren, ist beeindruckend. Wir hoffen, dass dieses Buch Ihnen das Wissen und das Selbstvertrauen vermittelt hat, um das volle Potenzial von Microsoft Copilot auszuschöpfen und Ihre Entwicklungsreise auf ein neues Niveau zu heben.

Denken Sie daran, dass Sie die Welt des Programmierens erkunden und gestalten können. Nutzen Sie die Leistungsfähigkeit von Copilot, lernen Sie weiter und hören Sie nie auf, die Grenzen der Innovation zu erweitern. Die Zukunft der Softwareentwicklung ist rosig, und mit Copilot an Ihrer Seite sind Sie gut gerüstet, um zu ihrer Brillanz beizutragen.

Vielen Dank und viel Spaß beim Programmieren!

www.ingramcontent.com/pod-product-compliance
Lightning Source LLC
Chambersburg PA
CBHW052316220526
45472CB00001B/146